Figürliches Gestalten mit Gips und Ton

Für Denis Roberts, dessen Interesse
am Modellieren mich zu diesem Buch inspirierte
und dessen Fotos es so gut illustrieren.

Figürliches Gestalten mit Gips und Ton

Werkzeuge, Gerüste, Gießformen, Abguss, Bronzieren, Patina, Montage

Dorothy Arthur

Fotos von Denis Roberts

Aus dem Englischen von
Monika Krumbach

Hanusch Verlag · Koblenz

Der Titel der englischen Originalausgabe
erschien 1993 unter dem Titel
Modelling in Clay bei:
A & C Black (Publishers) Limited
37 Soho Square
London W1D 3QZ, England
Copyright © 2003 Dorothy Arthur 1993

Gestaltung: Janet Watson
Zeichnungen: Dorothy Arthur
Fotos im Text: Denis Roberts
Umschlaggestaltung: Dorothy Moir
Umschlagfotos: Zul Mukhida
Satz: Martin Kring, Lahnstein
Druck: Druckerei Dimograf, Bielsko-Biala

Die im Buch veröffentlichten Angaben und Ratschläge
wurden von Autor, Übersetzer und Verlag sorgfältig
geprüft. Eine Haftung für Sach- und Personenschäden
ist jedoch ausgeschlossen.

Arthur, Dorothy
Figürliches Gestalten mit Gips und Ton.

Übersetzung aus dem Englischen: Monika Krumbach, Nürnberg

5. Auflage 2020
ISBN 978-3-936489-09-5

Copyright © 2004 der deutschsprachigen Ausgabe
Hanusch Verlag
Emser Straße 3
56112 Lahnstein
www.hanusch-verlag.de
info@hanusch-verlag.de

Umschlagfoto vorne: Die Autorin beim Modellieren
Umschlagfoto hinten: Blick in Dorothy Arthurs Studio

Inhalt

Einleitung

Das Modellieren nach lebenden Modellen ist wirklich nicht so schwer, wie man es sich oft vorstellt. Die interessante Aufgabe und vorzeigbare Ergebnisse schon bei den ersten Versuchen können eine lebenslange Begeisterung in uns wecken. Wenn man einen guten Einstieg findet und lernt, welche Materialien gut geeignet sind, wie Gerüste hergestellt werden und der Ton am besten eingesetzt wird, sind die Fortschritte enorm. Leider gibt es zu wenig Möglichkeiten, die Kunst der Plastik irgendwo zu erlernen.

Mit diesem Buch möchte ich Schritt für Schritt die Gestaltung von Ton- und Terrakottafiguren vorführen. Die Beispiele umfassen Porträtköpfe wie auch Torso und Figurengruppe. Ich beschreibe das Formen und Abgießen, Vorbereitungen für den Brand, Bronzieren und Montieren der fertigen Stücke. Auch Materialien wie Tonerdeschmelzzement und mit Glasfaser verstärkter Kunststoff zum Abguss sowie Silikon und Vinyl für flexible Gießformen stelle ich kurz vor.

Das figürliche Arbeiten mit Ton und Gips ist nicht nur ein wunderbares Hobby, sondern kann auch berufliche Perspektiven eröffnen. Der Rahmen reicht hier von Porträtarbeiten über Architekturmodelle und Wanddekors bis zu Kulissen und Requisiten für Film und Theater. Die Möglichkeiten sind also vielfältig und das Modellieren macht wirklich großen Spaß.

Ich hoffe, ich kann auch meinen Lesern die Freude und Erfüllung vermitteln, die ich mein ganzes Leben lang bei meiner Tätigkeit empfunden habe.

Material und Werkzeuge

Im Lauf der Zeit sammelt sich beim Bildhauer eine Auswahl von Hilfsmitteln und Werkzeugen speziell für seine Zwecke an. Hier finden Sie eine Liste mit der Grundausstattung zum Modellieren mit Ton und Herstellen von Gerüsten. Vieles davon ist im Haushalt vorhanden, anderes ist leicht in Geschäften für Künstlerbedarf und Eisenwaren zu beschaffen. Sie benötigen nur wenige spezielle Keramikwerkzeuge.

Ton

Töpferton ist normalerweise in örtlichen Töpfereien oder im Fachhandel erhältlich. Beim Ausprobieren finden Sie meist schnell die geeignetsten Massen heraus. Die meisten Bildhauer verwenden Irdenwareton. Er ist in hellen Farbtönen von Weißlich bis Ledergelb und Rot (Terrakotta) im Sortiment. Viele Künstler bevorzugen schamottierte Massen. Diese enthalten kleine gebrannte Partikel, die dem Ton eine angenehm feste Konsistenz geben.

Fachbegriffe

Achten Sie auf die richtige **Konsistenz** der Masse. Der Ton darf weder zu matschig noch zu trocken sein und beim Arbeiten nicht an den Fingern kleben.

Als **lederhart** wird der Ton bezeichnet, wenn er so weit getrocknet (angezogen) ist, dass er ohne weitere Verformung berührt und mit Metallwerkzeugen bearbeitet werden kann.

Schlicker ist mit Wasser zu einem dünnen Brei verrührte Tonmasse. Er wird am besten in Deckeleimern aufbewahrt und dient bei Gipsformen als Trennmittel.

Tonstreifen sind gleichmäßig dünn ausgerollte, geschnittene Bänder, die bei Gipsformen zum Abtrennen der einzelnen Form-Teile verwendet werden.

Material und Werkzeuge

1. drehbarer Stand/Ränderscheibe
2. Grundplatte
3. Schaft/Stützleisten
4. Modellierhölzer
5. drehbare Kuchenplatte
6. Formwerkzeuge: Modellierschlingen (oben) und Palettmesser (unten)
7. Bildhauerschlinge
8. Tast-Zirkel
9. Plastikschüsseln
10. kleine Gummischüssel (oder halber Gummiball)
11. Schere
12. Schaufel
13. Schneidedraht
14. Modellierbock
15. Jutegewebe (als Band, in Rollen oder als Meterware)
16. Modellgips
17. Plastikeimer
18. Messingfolie
19. Tonstrang
20. Wassersprühflasche
21. Messer
22. Holzhammer
23. Kneifzange
24. Drahtzange
25. Flachzange
26. Meißel
27. Malerspachtel
28. Hammer
29. Schraubenzieher

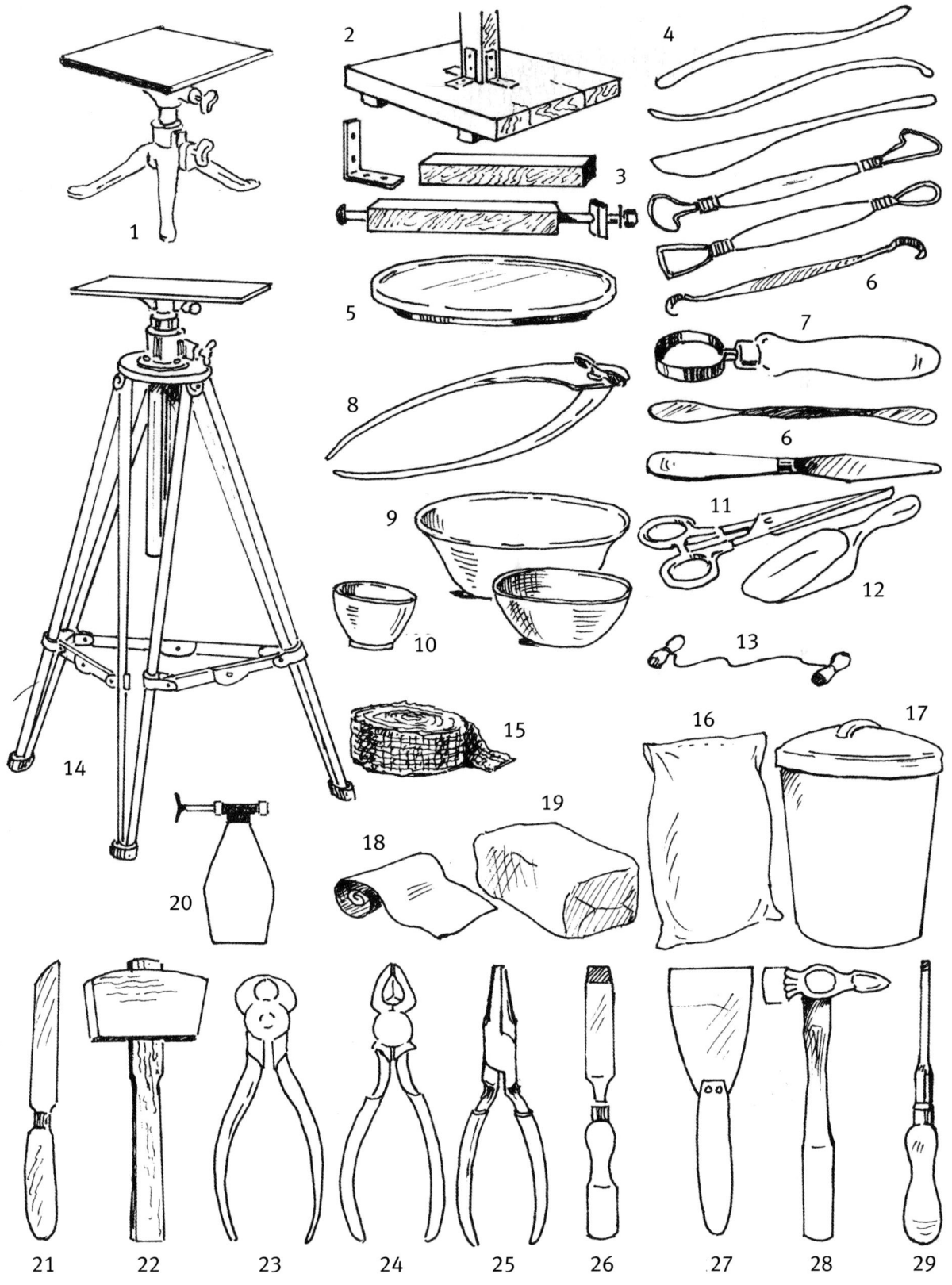

Gerüstbau

Hilfsgerüste (Armierungen) halten die Modelle beim Bearbeiten in Position. Mit etwas Übung sind sie in wenigen Minuten gemacht.

Anmerkung: Der Nutzen einer stabilen, praktischen Armierung zum Abstützen der Figur kann nicht hoch genug eingeschätzt werden. Handliche, richtig eingesetzte Gerüste beschleunigen und vereinfachen das Arbeiten erheblich.

Zunächst benötigen Sie für den Boden eine Grundplatte. Sie sollte unten zwei Holzleisten als Füße haben. Dadurch lässt sie sich leichter mit der Figur anheben. Zusätzlich ist eine Eisenstütze für die Figur nötig, die entweder seitlich oder an einer Ecke der Grundplatte angebracht wird. Für Porträtköpfe verwenden Sie einen Holzschaft (siehe Seite 16), der mit Eisenwinkeln oder einem langen Bolzen auf der Platte befestigt wird.

Zum Gerüstbau eignet sich ausgezeichnet kantiger Aluminiumdraht (Spezialdraht für Bildhauer). Sie können aber auch zwei- bis dreifach verdrillten dünneren Draht verwenden, von dem Sie die benötigten Längen abschneiden.

Biegen und winden Sie den Draht für die Armierung wie auf den Zeichnungen rechts zu sehen. Formen Sie die komplette Drahtfigur, bevor Sie sie an der Stütze befestigen. Achten Sie darauf, dass die Beine sich deutlich von der Bodenplatte abheben, um Höhenkorrekturen zu ermöglichen.

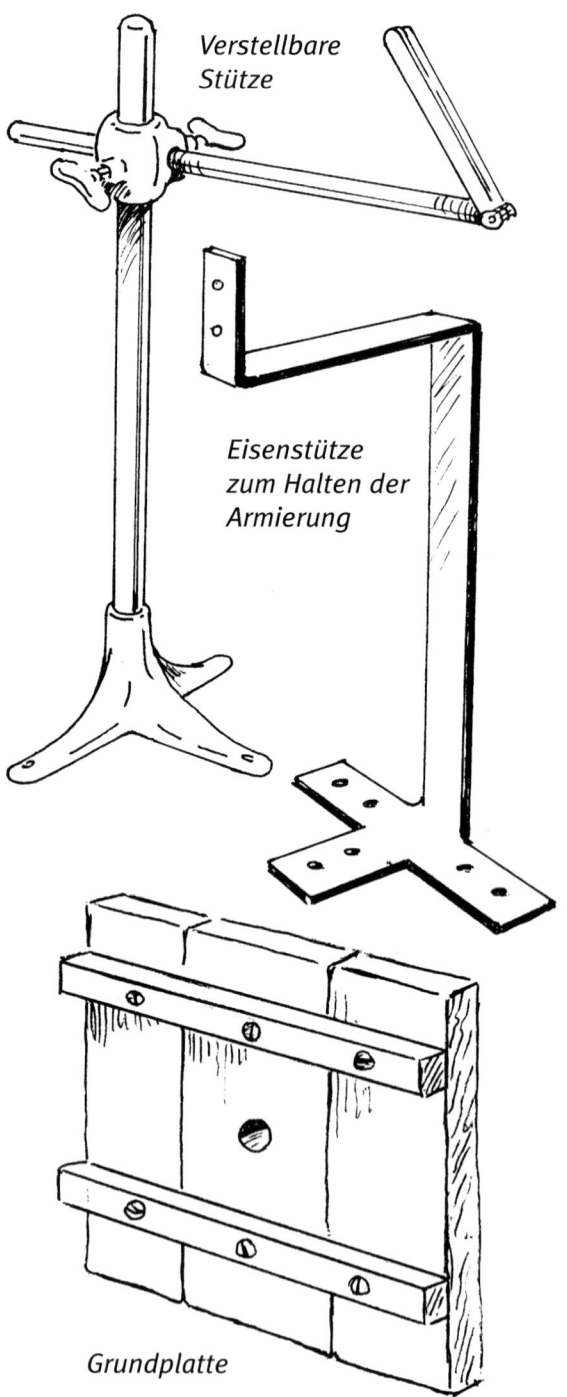

Verstellbare Stütze

Eisenstütze zum Halten der Armierung

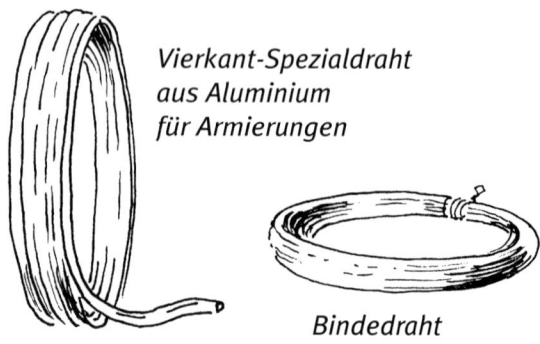

Vierkant-Spezialdraht aus Aluminium für Armierungen

Bindedraht

Grundplatte

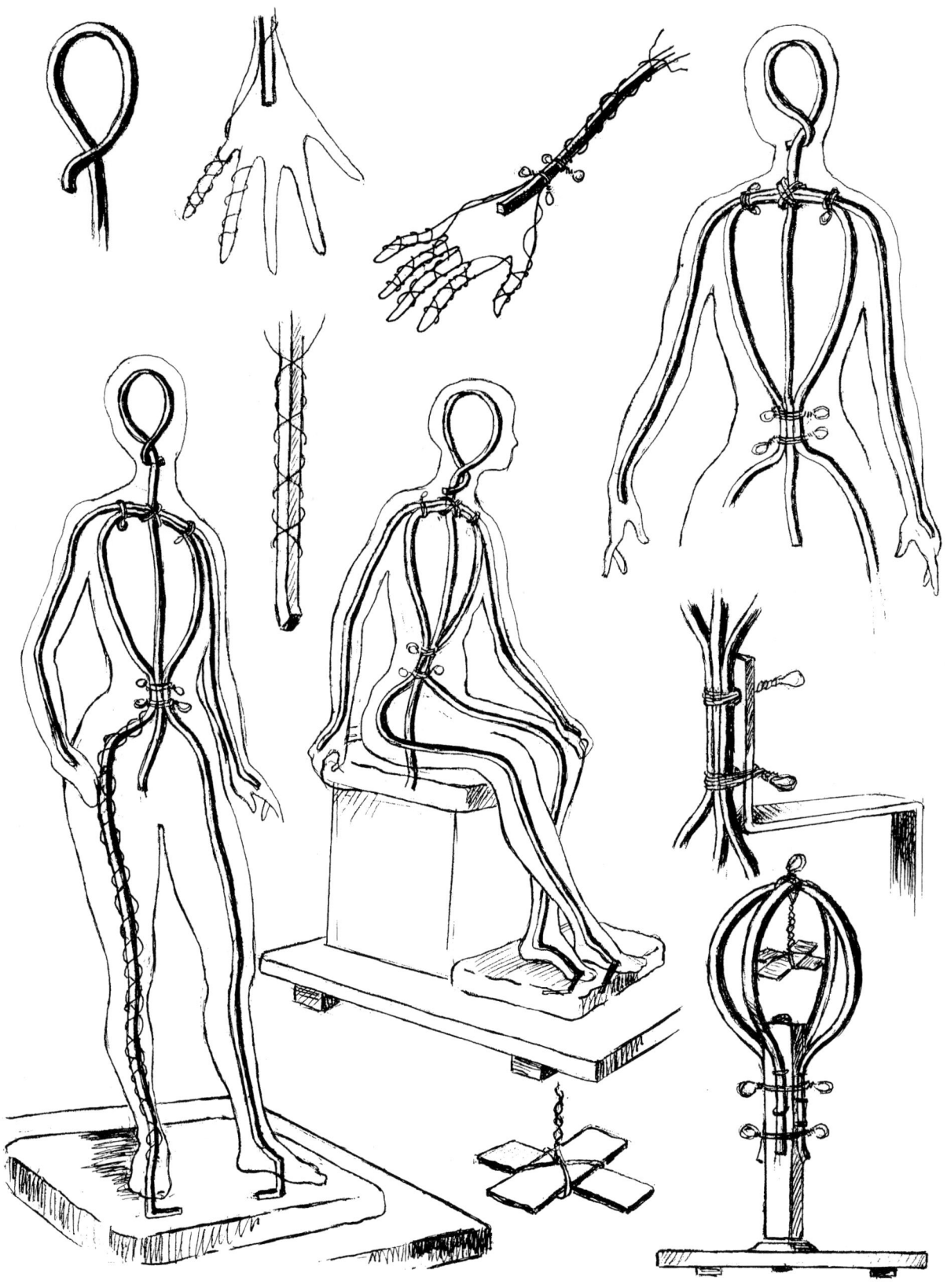

Modellieren mit Ton

Kinderkopf

Porträtkopf – Vorarbeiten

Kinderporträts zu modellieren ist zweifellos eine interessante und erfüllende Aufgabe. Erfahrene Bildhauer zählen Kinder übereinstimmend zu den lohnenswertesten – gleichzeitig aber auch zu den schwierigsten – Modellen.

Ein paar Vorstudien

Beginnen Sie nicht gleich damit, das Kind, das Sie porträtieren möchten, in Ton zu formen. Gönnen Sie dem Modell und sich selber zunächst ein bisschen Entspannung. In dieser Zeit machen Sie Skizzen und nehmen mit dem Zirkel alle benötigten Maße ab. Tragen Sie die Zahlen in die Zeichnungen mit Vorder- und Seitenansicht des Kopfes ein. Vergessen Sie nicht den Hals und den Abstand aller Details vom Mittelpunkt (zwischen den Augen an der Nasenwurzel).

Anmerkung: Sie können sich gut einen Abmaß-Zirkel aus steifem Karton mit einer Schraube und Flügelmutter selber herstellen. Dieses Pappgerät ist im Umgang mit Kindern viel sicherer. Den Metallzirkel verwenden Sie dann nur zur Überprüfung der Maße an der Figur.

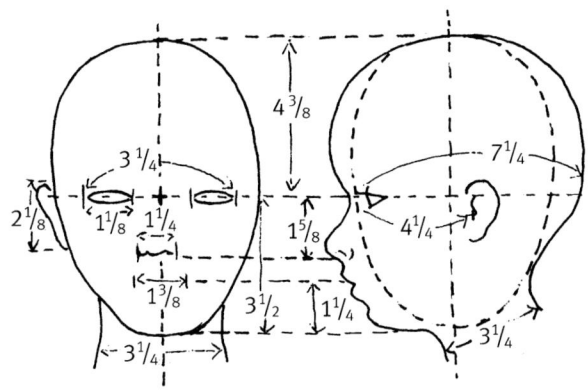

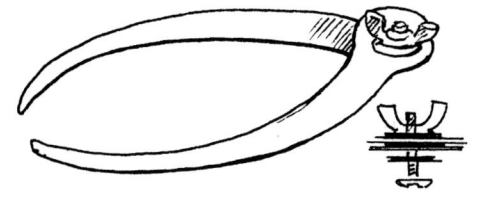

Erstes Modellsitzen

Beim ersten Besuch werden Sie wahrscheinlich die meiste Zeit damit zubringen, dem kleinen Modell die Geheimnisse der Werkstatt vorzuführen. Zeigen und erklären Sie ihm genau, wie das Gerüst funktioniert, wozu die Werkzeuge gebraucht werden etc. Geben Sie ihm auch etwas Ton und eine Platte, damit es selber etwas ausprobieren kann.

Skizzen

Fertigen Sie währenddessen möglichst viele Skizzen und lassen Sie das Kind zusehen, wie Sie die Armierung aufbauen. All dies hilft seine Schüchternheit oder Zurückhaltung abzubauen. Schaffen Sie eine warmherzige, entspannte Atmosphäre, in der Künstler und Modell den ganzen Entstehungsprozess gemeinsam erleben.

Anfertigen der Armierung

Das Gerüst für den Kopf sollte gerade etwas kleiner als die gemessenen Proportionen sein. Es muss sehr fest sein, da der Ton erhebliches Gewicht hat. Im Beispiel wurde die hölzerne Grundplatte mit 25 cm Seitenlänge in der Mitte mit einem 20 cm hohen Holzschaft bestückt. Zwei zu Schlingen gebogene, etwa 6 mm starke Drahtstücke sind mit Klammern/Haken am Stab befestigt. Zusätzlich wurden die beiden Bogen unten und oben an der Überkreuzung mit dünnem Draht fixiert.

Schmetterling

Aus zwei gekreuzten, mit etwas Draht verbundenen Holzstücken wird ein Pendel gemacht und im Mittelpunkt des Gerüsts aufgehängt. Es wird so austariert, dass es genau mitten in der Form hängt, und hilft die eingefüllte Tonmasse in Position zu halten. Die gesamte Konstruktion verhindert, dass der Ton unter seinem eigenen Gewicht zusammenfällt. Sie hält wirklich eine Menge aus.

Ton

Der gesamte verwendete Ton muss einheitliche Konsistenz haben: schön formbar, aber so fest, dass er nicht an den Händen klebt. Rollen Sie handliche Portionen zwischen den Handflächen und füllen Sie sie in die Armierung. Es ist wichtig, dass die Masse wirklich sehr fest eingepresst wird.

Auffüllen

Drücken Sie so viel Ton zwischen die Armierung, bis das ganze Innere massiv gefüllt ist. Dadurch erhalten Sie einen stabilen Kern, auf dem Sie das Porträt aufbauen können – zunächst Kinnpartie und Hinterkopf, die erheblich über die Grundform hinaus ragen.

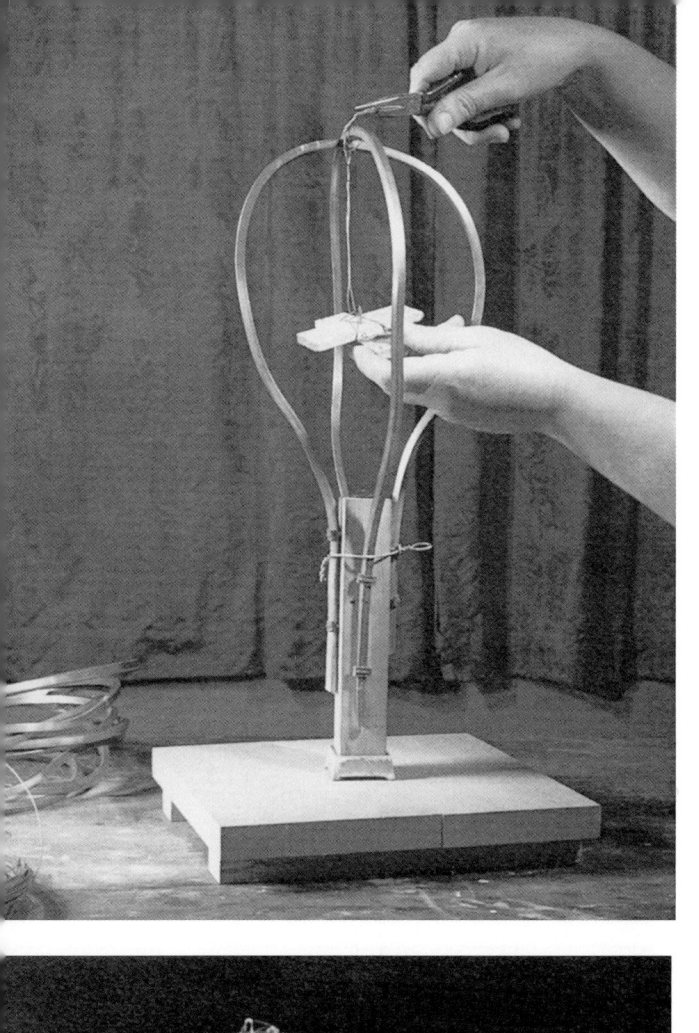
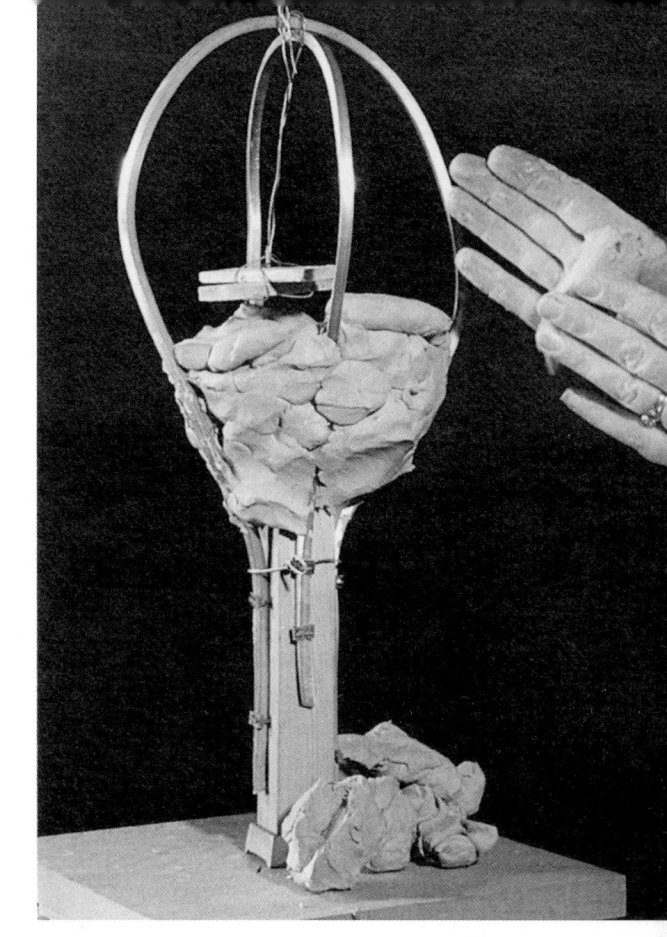

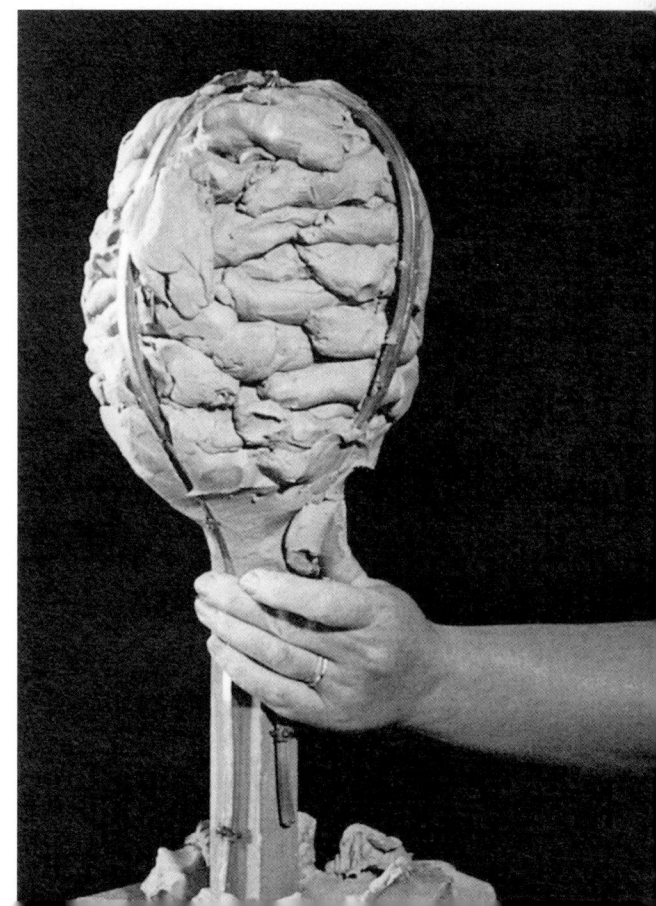

Haltung

Nach den vorhergehenden Skizzen sollte es nicht schwer fallen, das junge Modell in einer typischen Pose zu treffen. Nehmen Sie sich in dieser frühen Phase beim Bestimmen der Grundform Zeit. Es ist wichtig, wirklich die richtige Haltung für den Kopf festzulegen. Beachten Sie bitte auch die Position des Schafts im Inneren.

Mittelpunkt

Bauen Sie zunächst den Schädel in der richtigen Form und Größe auf. Haare lassen Sie noch weg. Finden Sie die Stelle für die Nasenwurzel und markieren Sie sie mit einem Streichholz im Ton. Sie ist der Schlüssel, der Mittelpunkt, von dem aus Sie alle anderen Maße mit dem Zirkel bestimmen. Er darf nicht mehr verändert werden! Verwenden Sie die wichtigsten Maße, die Sie bereits beim Skizzieren des Modells notiert haben.

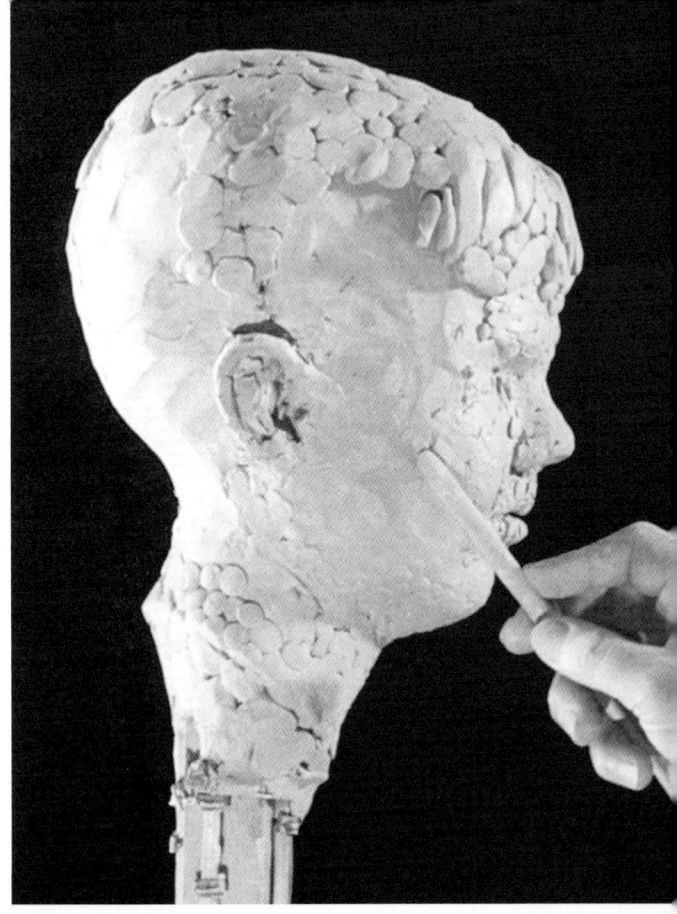

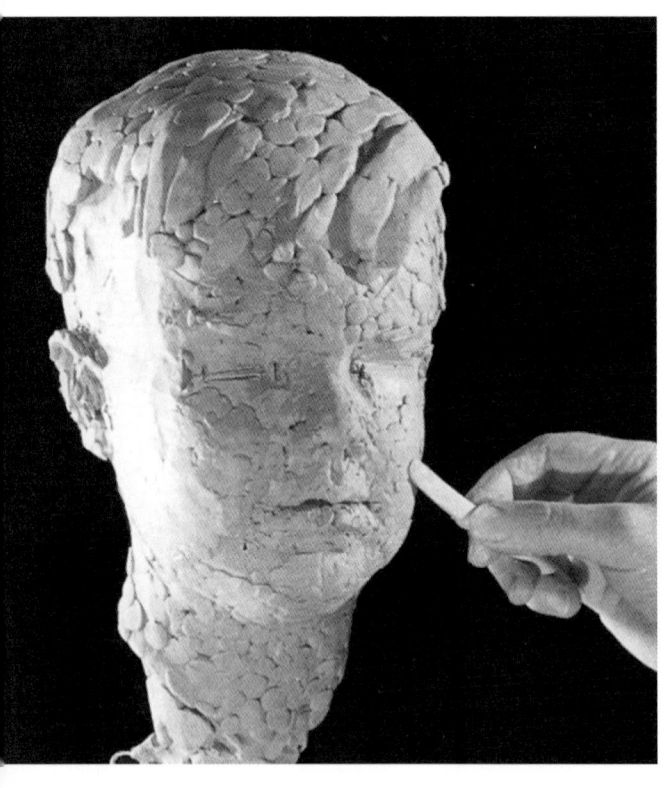

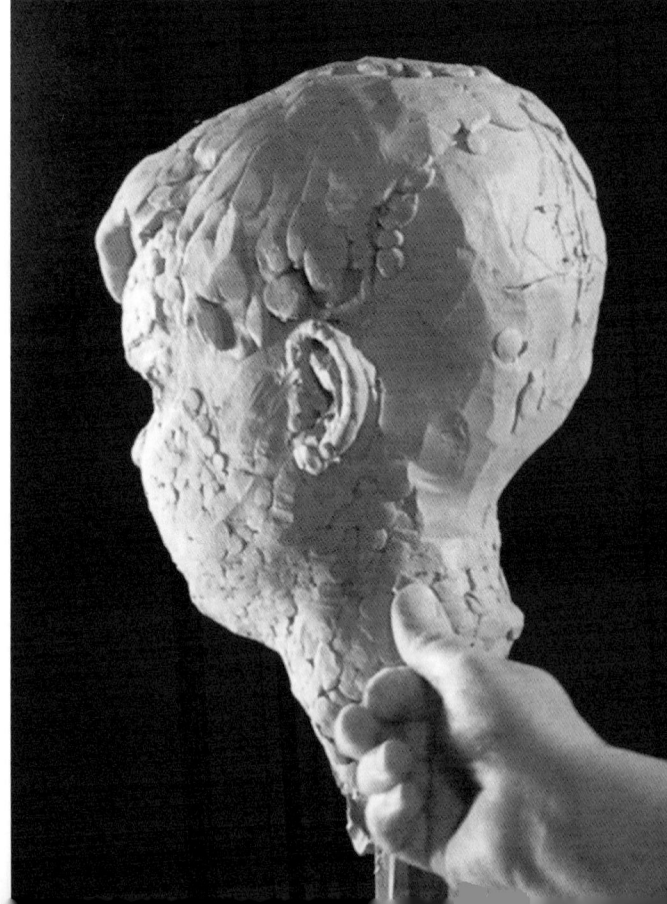

Drehen

Beim Bearbeiten des Kopfes drehen Sie ihn immer wieder, so dass er rundum gleichmäßig wird. Wenn Sie mit dem Gesamteindruck zufrieden sind, halten Sie zunächst ein. Stellen Sie sich etwas zurück und prüfen Sie das Porträt kritisch aus der Distanz. Anschließend können Sie auch gut eine längere Pause einlegen und sich erst in der nächsten Sitzung ausführlich den Details widmen.

Lagerung

Nach jeder Sitzung besprühen Sie den Ton vorsichtig mit Wasser, damit er schön plastisch bleibt – nicht zu nass, um nicht die Details des Kopfes zu verschmieren. Hüllen Sie den Kopf in eine große Plastiktüte, die Sie unten luftdicht verschließen. So lässt sich das Werkstück lange Zeit gut weiter bearbeiten.

Verfeinerung

Hier sehen Sie die weiteren Bearbeitungsstadien. Nachdem Masse und Proportionen einmal korrekt festgelegt sind, entwickeln Sie nach und nach die feineren Details.

Lebensechte Formen

Mittlerweile wirkt der Kopf durch Ausarbeitung von immer mehr Einzelheiten in seinen gut getroffenen, vollen Formen sehr authentisch. Die Ähnlichkeit mit dem Modell wird allein durch genaue Beobachtung und exaktes Bearbeiten erreicht. Die hübschen, relativ fleischigen Partien des reizenden Knabengesichts sind ausgezeichnet umgesetzt.

Halspartie

Hals und Nacken wurden für die feinere Ausformung bereits geglättet. Der untere Rand ist leicht nach außen gebogen. Dieses Detail ist für den Gesamteindruck sehr wichtig.

Abschluss

Dem fertigen Modell ist deutlich anzumerken, wie im Verlauf der Sitzungen durch immer weitere Verfeinerungen der Gesamteindruck geschickt vervollkommnet wurde.

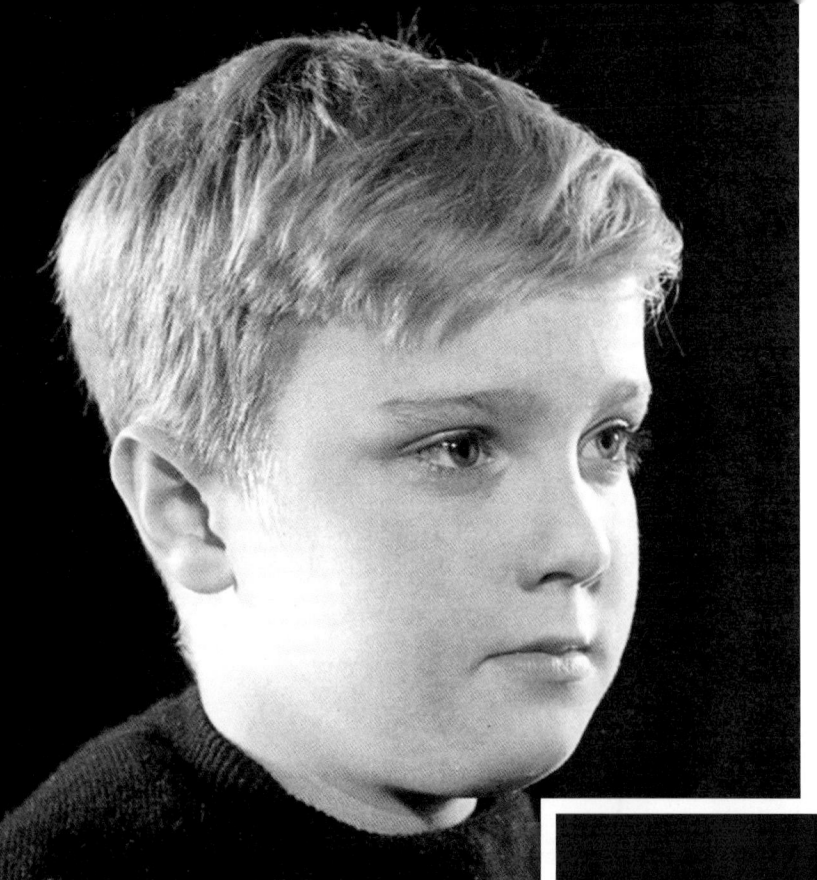

Details

Ein genauer Blick auf das Porträt zeigt, dass beim Modellieren ein hoher Grad von Übereinstimmung erreicht wurde. Es kann jetzt als fertig betrachtet werden. Die Formen sind schön ausgewogen. Die feinen Grübchen an Mundwinkeln und unter der Nase sind deutlich erkennbar, die vollen Backen wirken sehr echt und lebendig. Dies wurde nicht etwa durch Glätten oder Perfektionierung der Oberfläche erreicht, sondern durch genaues Nacharbeiten der sanft ineinander fließenden Linien. Die angenehm lebhafte Flächenstruktur könnte theoretisch noch weiter vervollkommnet werden.

Vergleich

Wo immer eine lebende Person Modell sitzt, sollten Sie möglichst keine Fotos benutzen. Das Beispiel wurde ausschließlich in Anwesenheit des Jungen bearbeitet. Das Foto ist hier nur zum Vergleich beigefügt. Eine interessante Sache!

Der gezeigte Kopf ist jetzt fertig für den Abguss. Der Ton sollte bis zur weiteren Bearbeitung schön weich gehalten werden (siehe Seite 19).

Abguss

Viele Bildhauer lassen ihre Werke von Fachleuten abformen und gießen. Doch auch Anfänger können ihre eigenen Arbeiten durchaus selber mit Gipsformen (Modeln) vervielfältigen. Wenn nur die simplen Regeln bei der Verwendung dieses handlichen und sympathischen Materials beachtet werden, bekommt man schnell ein Gefühl für das richtige Anmachen des Gipses. Es sind wirklich keine Geheimnisse dabei. (Auf den Seiten 116-118 wird die Herstellung von Formen aus anderen Materialien vorgestellt.)

Gips

Zum Abguss im bildhauerischen Bereich eignet sich nur feinster Modell- oder Alabastergips. Dieser ist bei manchen Töpfereien, im Fachhandel für Keramikbedarf, Bildhauer oder Baustoffe erhältlich. Normaler Baugips ist nicht brauchbar.

Gips muss immer trocken aufbewahrt werden! Fassen Sie nie mit feuchten Händen in den Sack. Sie könnten damit den ganzen Inhalt verderben. Brüchige Formen wären das Resultat. Aus demselben Grund sollte nie in der Nähe des Gipsbeutels Wasser verspritzt werden.

Prüfen Sie das Gipspulver, ob es wirklich noch brauchbar ist. Wenn der angerührte Brei nach dem Trocknen glatt und ohne zu bröseln fest wird, ist der Gips gut.

Gips schadet auf der Haut nicht, kann sie aber leicht austrocknen. Dagegen hilft etwas Handcreme oder der prophylaktische Auftrag einer Schutzcreme vor dem Umgang mit dem Material.

Anmischen

Rühren Sie den Gips in einer sauberen Plastikwanne mit reinem Wasser an. Schütten Sie nach und nach immer mehr Pulver ins Wasser, bis es über der Oberfläche stehen bleibt. Bei genauem Hinschauen bemerken Sie, dass dieser Überschuss sich langsam vollsaugt. Sobald der Gips nicht mehr „arbeitet", mischen Sie ihn vorsichtig mit den Händen. Fühlt sich der Brei weich und gleichmäßig an, ist er fertig.

Gießen Sie niemals Gipsbrei, der bereits dicklich und fest geworden ist.

Material und Werkzeuge

Gips	feinster weißer Modell- oder Alabastergips
Schüsseln	weiches Plastik in mehreren Größen
Gewebeband Juteband	(aus der Baustoffhandlung), in Rollen
Messingfolie	Messingstreifen in Rollen oder Folienbahnen
Spezialdraht	kantiger Spezialdraht für Armierungen und Wickeldraht zum Zusammenbinden der Formenteile
Schmierseife	in Eimern in Drogerien erhältlich
Olivenöl	zum Versiegeln der Gießformen
Ton	zur Herstellung von Tonbändern für Gussdämme
Tonschlicker	Ton mit breiartiger Konsistenz (in Deckeleimern aufbewahren)
Temperafarben	zur dezenten Einfärbung der ersten Gipsschicht

Messer, Holzhammer, diverse Zangen, Hammer, Schere, Pinsel, Nudelholz, Plastikfolie

Probestück

Es ist nicht ratsam, von einem mit viel Mühe angefertigten Modell eine Form abzunehmen, ohne sich zunächst ein bisschen mit dem Gips anmachen und Gießen vertraut zu machen. Eine gute Einstiegsübung sind einfache einteilige Modeln.

1. Legen Sie ein einfaches Modell oder einfach ein Tonstück auf eine vorher mit Tonschlicker überzogene Platte. Dann drücken Sie einen Tonstreifen um das Modell.

2. Mischen Sie Gipsbrei mit einem Hauch Farbe im Wasser für die erste Schicht – und zwar nur so viel, dass es für einen dünnen Überzug reicht. Wenn die Schicht fest ist, tupfen Sie einen Hauch Tonschlicker darüber. Dadurch lässt sich die Form später leichter zerschlagen.

3. Mischen Sie Gips ohne Farbzugabe für die zweite Schicht und gießen Sie ihn über die getrocknete erste.

4. Legen Sie auf die zweite Schicht Stücke des Jutegewebes auf, die Sie zuvor befeuchtet und in Gipsbrei getaucht haben. Das macht die Gipsform stabil.

5. Beim Trocknen wird der Gips ziemlich warm. Wenn er erstarrt ist, entfernen Sie den Tonstreifen und heben die Form von der Platte. Waschen Sie den Ton aus. Wasser schadet der Form nicht.

6. Versiegeln Sie die Gipsoberfläche, indem Sie sie mit etwas Schmierseife einpinseln. Wischen Sie die Reste aus und wiederholen Sie das Ganze. Nach Belieben können Sie anschließend noch Öl aufpinseln, um den Gips noch dichter zu machen.

7. Für den Abguss mischen Sie ausreichend Gipsbrei für das Innere der Negativform. Nur ganz kleine Formen werden komplett mit Gips gefüllt. Größere bekommen zwei Güsse mit einer Zwischenschicht aus Jutegewebe. Der Abguss sollte möglichst gleichmäßig dick sein.

8. Wenn der Gips fest ist, wird er mit Meißel und Holzhammer bis auf die erste bunt eingefärbte Gussschicht abgeschlagen. Entfernen Sie dann sehr vorsichtig auch noch diese Hülle und mit einem Metallwerkzeug die letzten Gipsreste.

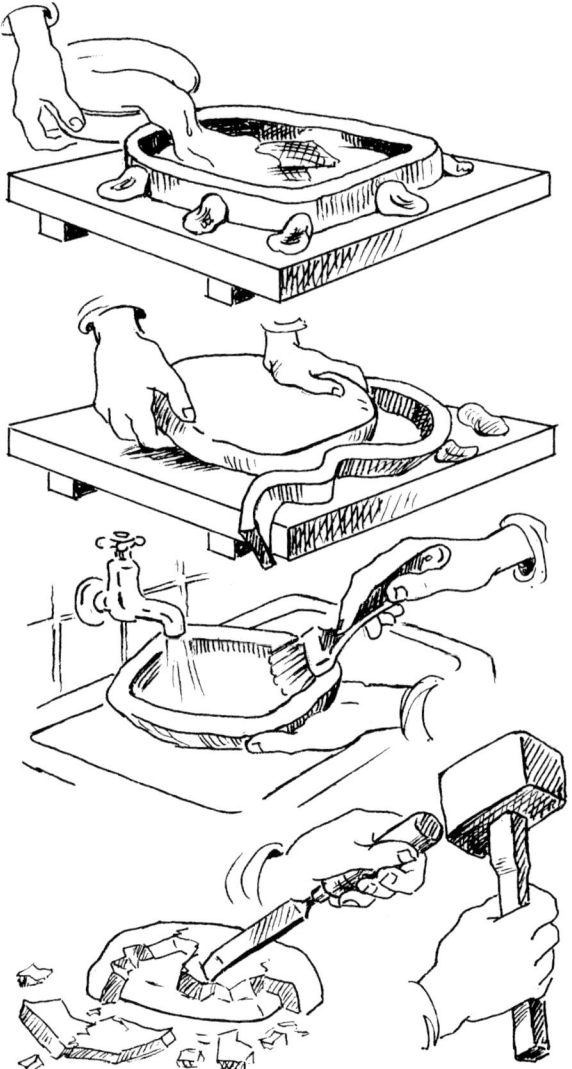

Wenn es mit dieser einfachen Form geklappt hat, stellen Sie eine weitere aus zwei Hälften her, entweder nach der Methode mit Messing- oder mit Tonstreifen (siehe Seite 26). Jeder Künstler hat seine eigenen Vorstellungen, wo die Streifen am besten liegen sollen. Viele bevorzugen auch eine große Basisform mit mehreren kleineren Nebenteilen.

Vor dem Gießen wird die gesamte Platte gut mit Tonschlicker überzogen. Dadurch lässt sich die Figur später leichter abnehmen. Es ist auch geschickt, Eisenstützen etc. mit einem dicken Tonring zu umranden. Manchmal ist es auch sinnvoll, die Platte mit einem Tonstrang in der Dicke der gewünschten Form zu umrahmen.

Anbringen der Messingsteifen

Messingfolie zum Abteilen der Gießform ist in Rollen oder bogenweise erhältlich. Schneiden Sie gleichmäßige Streifen und stecken Sie sie wie gezeigt in den Ton. Die Kanten müssen immer ganz glatt sein und werden nach Bedarf zurecht geschnitten. Für manche Stellen benötigen Sie keilförmige Zwischenstücke. Schneiden Sie ein paar davon auf Vorrat. Sie ergeben einen perfekten Sitz und exakte Verbindungsflächen. Bei der Streifen-Methode kann das gesamte Modell auf einmal mit Gips begossen werden, alle Teile der Form entstehen also in einem Durchgang.

Tonstreifen

Bei der Variante mit Tonstreifen werden die Formhälften einzeln hergestellt. Dazu rollen Sie zunächst Tonplatten aus und schneiden sie zu Bändern. Bringen Sie sie so an, wie die Säume/Nähte liegen sollen. Decken Sie die Partien, die nicht eingegipst werden sollen, mit Frischhaltefolie ab. Machen Sie zuerst die größte Teilform. Wenn der Gips trocken ist, entfernen Sie den Tonstreifen. Streichen Sie die Säume dieser Teilform mit etwas Tonschlicker ein. Gipsen Sie nun die restliche Figur für die zweite Teilform ein. Säubern Sie zum Schluss die Säume mit einem Messer.

Gipsabguss des Kinderkopfes

Vorbereitungen für die zweiteilige Gießform

Halten Sie den Ton schön feucht. Bestimmen Sie die Lage der Säume. (Nach meinem Geschmack verlaufen sie am geschicktesten vor den Ohren.)
Legen Sie einen Tonwulst unter den Hals, damit der Gips nicht hinunter läuft.

Messingstreifen

Schneiden Sie die Folienstreifen in handliche Stücke. Wie gesagt brauchen Sie auch ein paar keilförmige Zwischenstücke.

Stecken Sie die Streifen fest in den Ton und bilden Sie dabei ein paar Verzahnungen, die später beim Zusammenfügen der Teile den exakten Sitz bestimmen helfen.

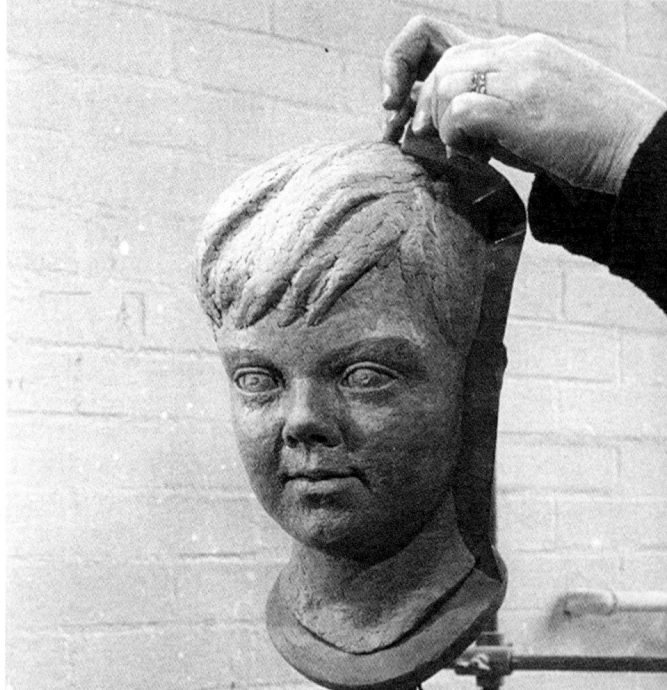

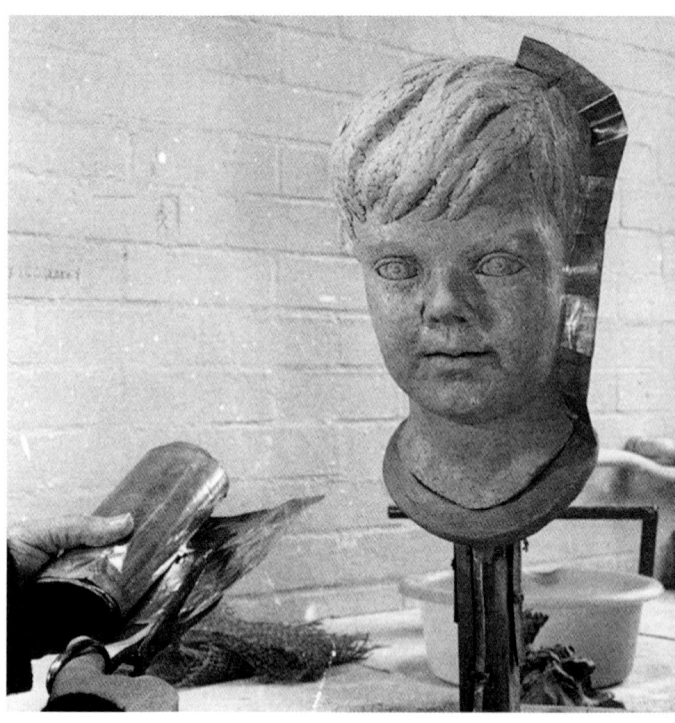

Erste Gipsschicht

Bereiten Sie alles vor. Mischen Sie den mit einem Hauch Farbe versehenen Gips an. Klatschen Sie den Brei, solange er ganz frisch ist, auf den Ton. Durch den Schwung dringt er gut in alle Vertiefungen. Diese erste Gipsschicht braucht den Ton nur gerade eben zu bedecken. Wenn sie etwas fest geworden ist, verstärken Sie sie entlang der Messingstreifen zu einer Dicke von etwa 0,6-1,2 cm. Die Streifen dürfen dabei nicht verändert werden. Lassen Sie die Außenkanten der Streifen möglichst frei (oder kratzen Sie sie nach dem zweiten Beschichten wieder sauber).

Tonschlicker

Wenn der gefärbte Gips trocken genug ist, pinseln Sie an einigen Stellen etwas Tonschlicker darüber. Dadurch lässt sich die Gipshülle später viel leichter wieder entfernen. An den nicht eingepinselten Flächen hält die nächste Schicht dennoch gut fest.

Säubern der Säume

Solange der Gips noch etwas weich ist, reinigen Sie den verdickten Saum an den Streifen bis zum Knick. Hat der Gips zu schnell abgebunden, warten Sie damit eventuell bis nach dem zweiten Überzug.

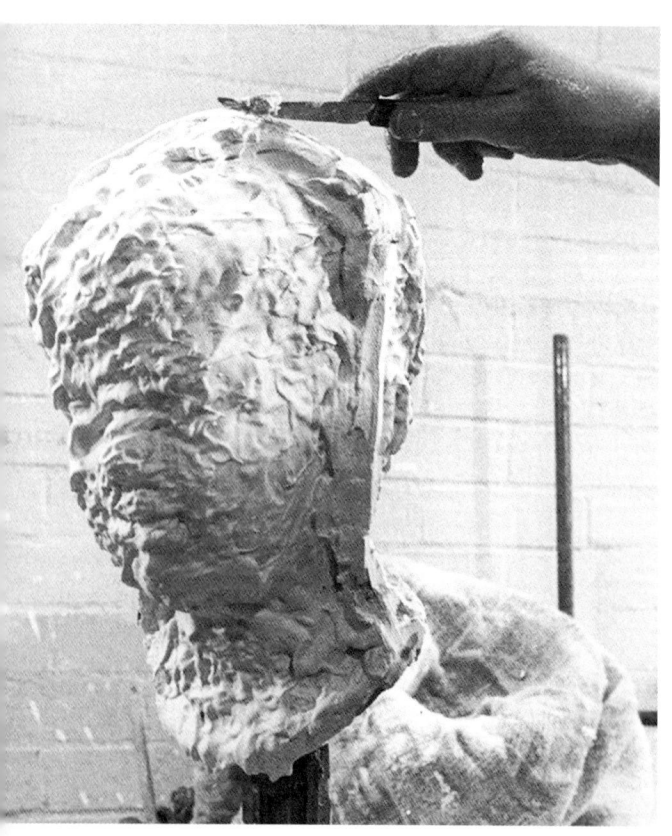

Zweite Gipsschicht

Mischen Sie neuen Gips an, diesmal ohne Farbzugabe. Bringen Sie eine dünne Gipsschicht auf. Verstärken Sie sie durch angefeuchtetes, in Gipsbrei getauchtes Gewebeband. Legen Sie dieses unter Aussparung der Säume flach auf. Tragen Sie den restlichen Gipsbrei rund um den ganzen Kopf zu einer möglichst gleichmäßig starken Schicht auf.

Nachsäubern der Säume

Mit einem Messer kratzen Sie die Saumstellen bis zum Knick an dem Gewebe sauber und lassen die Form mehrere Stunden trocknen. Beim Abbinden entwickelt der Gips viel Wärme.

Abnehmen von der Platte

Ist der Gips hart, so nehmen Sie den Kopf von der Platte. Der Kopf auf dem Foto ist mit einem Bolzen auf der Unterlage befestigt, der zunächst abgeschraubt wird. Falls Sie Eisenwinkel verwendet haben, müssen Sie diese zunächst vom Gips befreien, bevor Sie sie abschrauben.

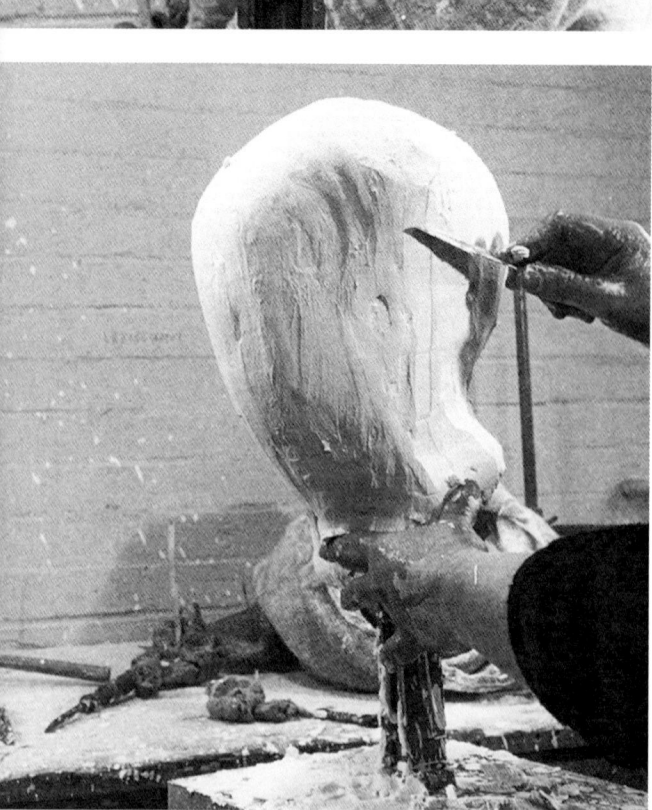

Einweichen

Lassen Sie die Form sich voll Wasser saugen. Der aufquellende Ton drückt die zwei Hälften auseinander.

Öffnen der Form

Die vordere Formhälfte sollte sich leicht vom Ton lösen lassen. Gerüst und Halterung bleiben hinten stecken. Achten Sie bitte darauf, beim Entfernen des Gestells das Innere der Gipsform nicht zu beschädigen. Legen Sie die feuchte Form auf den Tisch.

Säubern der Form

Entfernen Sie den Ton rund um das Gerüst. Schneiden Sie den Schmetterling heraus. Wenn nötig, biegen oder zerschneiden Sie das Gerüst, bis es leicht herausgezogen werden kann. Waschen Sie beide Formhälften anschließend gründlich sauber. Die letzten Tonreste werden mit einem kleinen Holz- oder Maniküirestäbchen ausgekratzt.

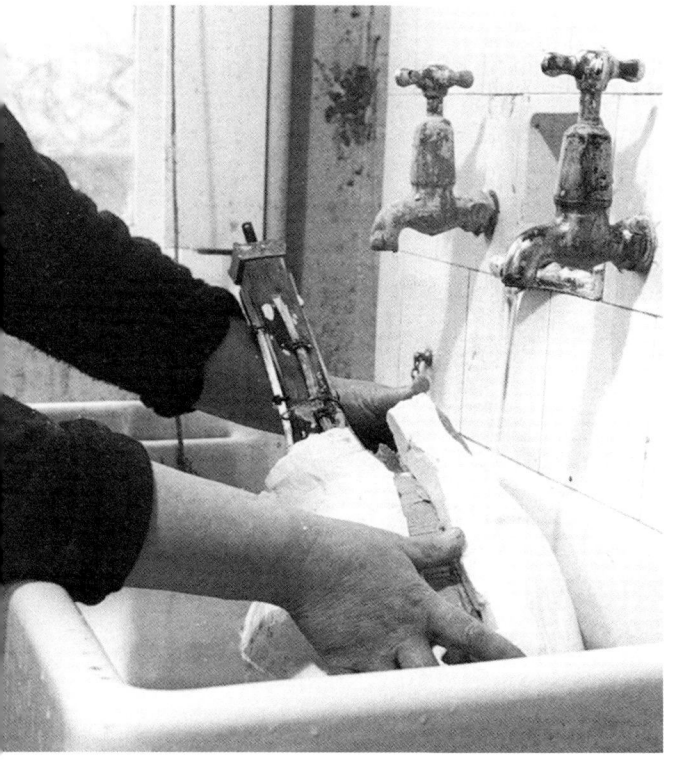

Abguss

Imprägnieren mit Seife und Öl

Die Formteile müssen zunächst innen versiegelt werden, damit der eingegossene Gips nicht anhaftet. Dazu gibt es viele Möglichkeiten, u.a. spezielle Sprays. Hier eine sehr praktische traditionelle Methode: Mit dem Pinsel arbeiten Sie etwas weiche Schmierseife in die Wände ein. Entfernen Sie allen Schaum mit einem Pinsel und tragen Sie eine zweite Seifenschicht auf. Wenn sie gut eingezogen ist, wischen Sie die Reste ab und pinseln noch eine dünne Schicht Olivenöl darüber, auch auf Kanten und Saumflächen.

Armierung

Biegen Sie festen Metalldraht genau passend in die Rundung der Form. Er wird später in die zweite Gipsschicht eingegossen, um den Abguss stabiler zu machen.

Erste Gipsschicht

Mischen Sie den Gips (für jedes Teil separat) für die erste Schicht an. Gießen Sie ihn in die Form und schwenken Sie sie gut damit aus, so dass ein gleichmäßiger Überzug entsteht. Auch in den Vertiefungen sollte die Gipsschicht nicht zu stark werden. Gießen Sie den Überschuss ab und reinigen Sie die Kanten.

Einbau der Armierung

Ist die Gipsschicht erstarrt, stecken Sie die Metallverstärkung ein und halten sie mit ein paar Gipsklecksen in Position.

Verstärkung der zweiten Gipsschicht

Mischen Sie weiteren Gips an. Spritzen Sie ihn dünn über die erste Schicht. Tauchen Sie mehrere Gewebestücke in den angerührten Gipsbrei und legen Sie sie gleichmäßig in die gesamte Innenfläche der Form. Reinigen Sie die Kanten. Die Gewebeteile dürfen nicht über die Kanten ragen, damit sich die Form später exakt schließen lässt.

Zusammenbau der Form

Legen Sie beide Formhälften exakt und fest zusammen, so dass die Verzahnungen genau passen. Dann umbinden Sie das Ganze mit Schnur oder Draht. Es ist hilfreich, den Draht zusätzlich mit ein paar in Gipsbrei getauchten Gewebestücken zu überkleben, damit er nicht abrutscht.

Füllen der Nahtstellen

Mischen Sie weiteren Gipsbrei und gießen Sie ihn in die hohle Form. Schwenken Sie ihn beim Einfüllen gut, damit er auch in die Nahtstellen dringt. Überschüssigen Brei gießen Sie ab.

Verstärkung mit Gewebe

Legen Sie in Gipsbrei getränkte Gewebebänder innen über die Säume. Mit einem Stab oder anderen Werkzeug erreichen Sie auch schwierige Stellen. Verstärken Sie den Hals innen mit einer weiteren Lage. Lassen Sie das Ganze antrocknen.

Entnehmen des Abgusses

Sobald Form und Abguss trocken sind, wird der Kopf auf eine weiche Unterlage (altes Kissen oder Sack) gelegt. Mit Holzhammer und stumpfem Meißel schlagen Sie vorsichtig die Gipshülle vom Abguss. Die leichte Einfärbung der untersten Schicht signalisiert, wann Sie zum Schluss vorsichtiger arbeiten müssen. Schlagen Sie auch diese vorsichtig ab.

Reinigen

Holen Sie alle Gipsreste mit einem Metallwerkzeug auch aus den kleinsten Vertiefungen. Eventuell beschädigte Stellen am Abguss lassen sich anfeuchten und mit etwas dünn angerührtem Gipsbrei ausbessern.

Montieren

Halterung

Schneiden Sie ein Stück etwa 7 mm dickes Kupferrohr so lang ab, dass es durch den ganzen Kopf reicht und unten noch genügend lang heraus steht. Umwickeln Sie die obere Hälfte davon mit in Gips getränktem Gewebeband. Befeuchten Sie den Abguss innen an der oberen Kopfhälfte. Drücken Sie die Stange mit dem eingegipsten Gewebe nach oben hinein.

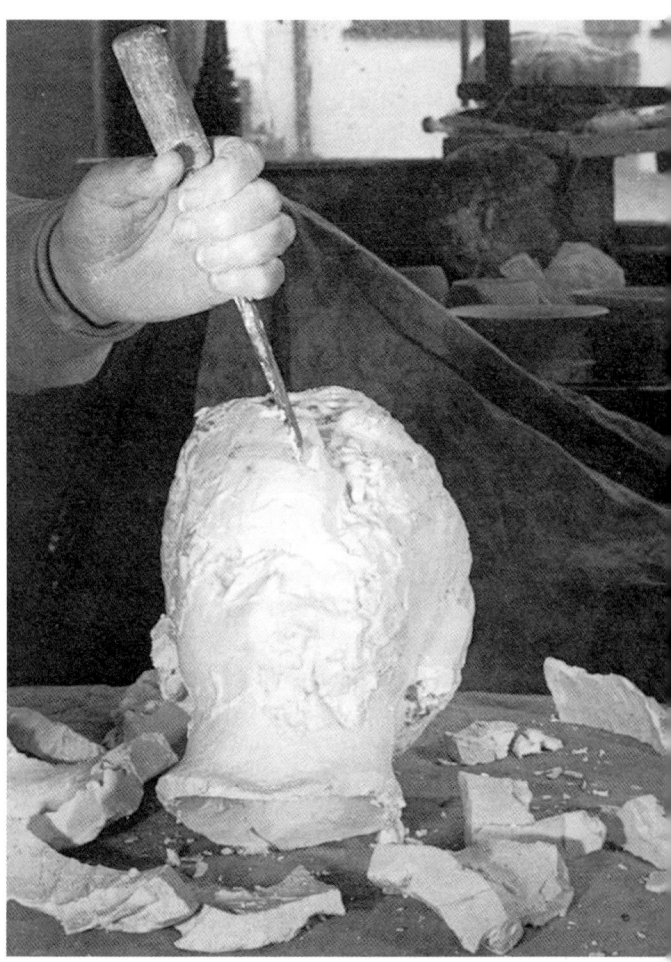

Beim Antrocknen sollte der Gips die Stange in Position halten. Positionieren Sie die Stange ziemlich vorne an der Halsmitte und fixieren Sie sie mit weiterem in Gips getauchtem Gewebe. Wenn dieses angetrocknet ist und gut hält, kann der Kopf montiert werden.

Meistens liegt das Rohr nicht im richtigen Winkel. Prüfen Sie dies genau, indem Sie den Kopf mit dem Rohr seitlich an den Sockel halten, und markieren Sie den gewünschte Lage mit Kreide. Als Sockel eignet sich handelsübliches Hartholz.

Bohren

Bohren Sie im gewünschten Winkel an der passenden Stelle ein Loch in den Sockel. Machen Sie es etwas tiefer und breiter als das Rohr.

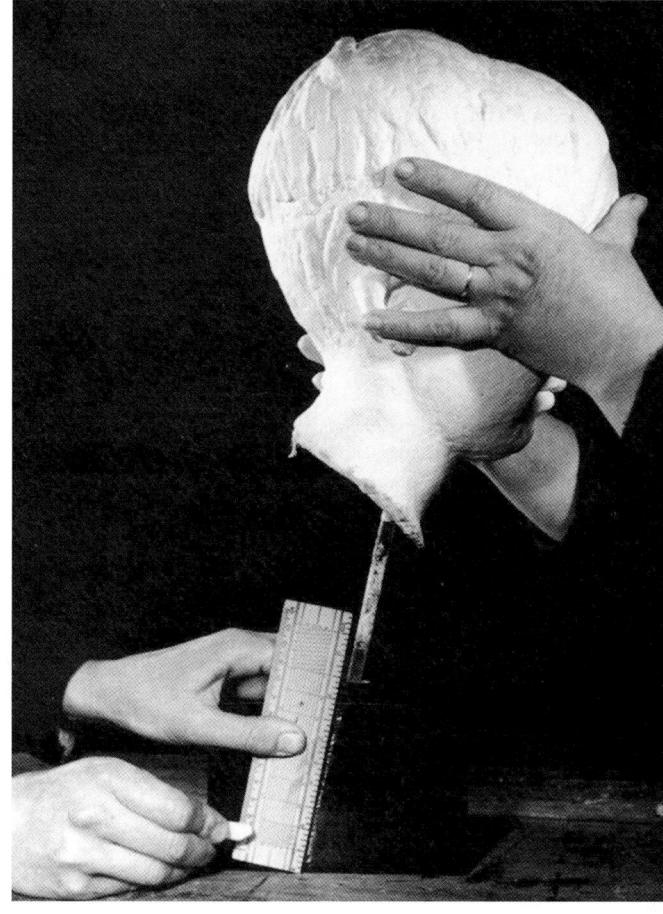

Montage des Kopfes

Prüfen Sie, ob das Porträt eine gefällige Stellung auf dem Sockel einnimmt. Notfalls bohren Sie nochmals nach. Füllen Sie Kleber ins Loch. Sitzt das Rohr zu locker, weil es zu groß ist, so umwickeln Sie es mit etwas Gewebe oder Juteband, bevor Sie es endgültig fixieren.

Eine weit vorne am Hals sitzende Haltestange lässt den Kopf leicht und schwebend erscheinen.

Zum Schluss wird noch ein Stück Filz oder Boi unter den Holzblock geklebt, damit er nicht rutscht.

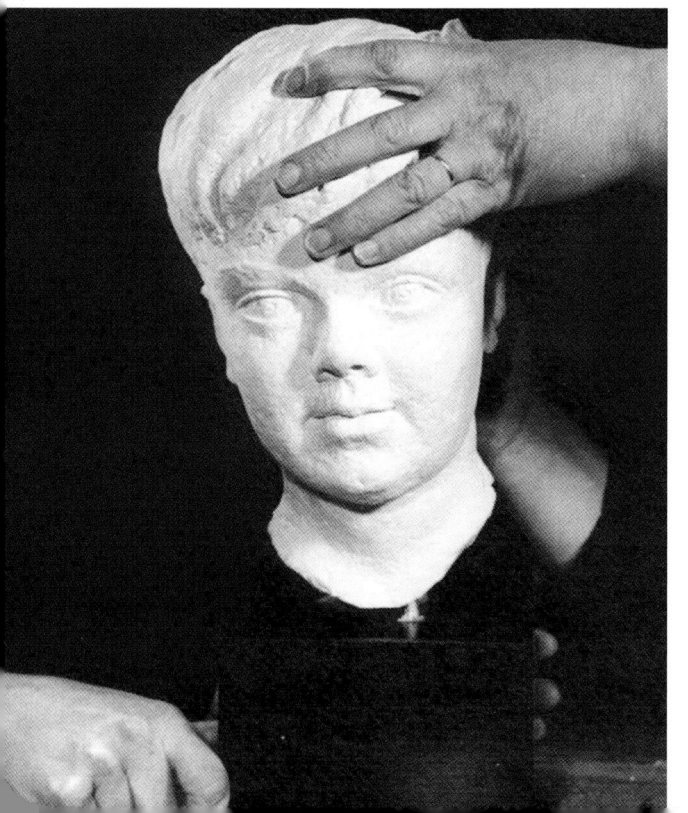

Oberflächengestaltung und Bronzieren

Die ansprechend geformte und abgegossene Skulptur sitzt jetzt schön auf einem passenden Sockel. Ohne weitere Nachbehandlung wirkt der strahlend weiße Gips allerdings noch viel zu hart fürs Auge.

Ein Überzug mit Goldbronze ist hier vielleicht die beste Wahl. Es gibt viele unterschiedliche geeignete Produkte, die fast alle gute Ergebnisse bringen. Hier mein einfaches Rezept für einen sehr dünnen Überzug, bei dem auch die feinsten Details nicht verdeckt werden:

Mit normaler verdünnter Dispersionsfarbe in Dunkelbraun, mit einem Hauch Grün vermischt, wird der Kopf soweit bestrichen, dass kein Weiß mehr durchscheint. Wenn sie trocken ist, folgt ein zweiter Überzug mit derselben Farbe. Dies sollte für den gewünschten Effekt ausreichen.

Bitte beachten: Machen Sie möglichst an kleinen Stücken ein paar Proben, damit Sie auch wirklich den gewünschten Farbton erzielen. Gleichzeitig sehen Sie, ob das verwendete Produkt den Gips wirklich gut abdeckt.

Ist die Farbe trocken, tragen Sie etwas farblose Wachspolitur auf, die Sie nach dem Trocknen polieren, bis sie seidenmatt schimmert. Dann tupfen Sie mit dem Daumen auf die erhabenen Gesichtspartien etwas Goldpuder oder Goldpaste auf. Dabei tut man leicht zuviel des Guten. Das Gold lässt sich aber leicht mit etwas Wachspolitur wieder entfernen. Manchmal ergibt ein Hauch von grüner Patina, in die Vertiefungen gepinselt, ebenfalls ein angenehmes Finish.

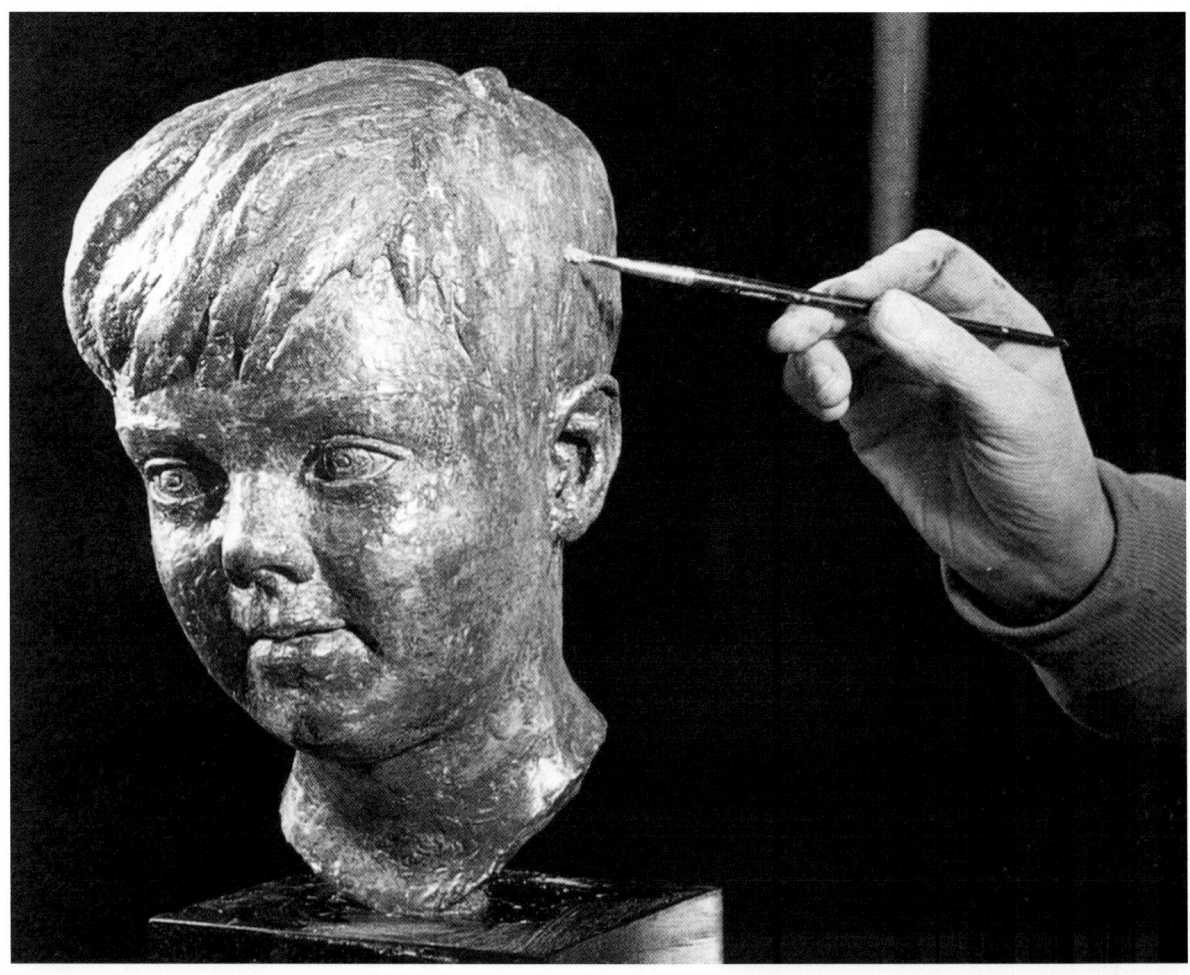

Torso

Der Torso ist immer ein reizvolles Projekt in der Plastik. Das Fehlen der Beine gibt der Figur Stabilität, die volle Aufmerksamkeit beim Betrachten wird auf den Rumpf mit seinem vielfältigen Formenspiel gezogen. In dieser Studie sind die Arme erhalten. Da sie mit dem Kopf verbunden sind, wird der kompakte, einheitliche Eindruck dadurch nicht gestört.

Vorbereitungen

Für den kleinen Torso benötigen Sie:

- Grundplatte
- Halterung für die Armierung (Gerüst)
- drehbaren Stand (eine drehbare Kuchenplatte reicht aus)
- kantigen Aluminiumdraht oder mehrfach verdrillten normalen Draht
- Bindedraht
- Töpferton
- Plastiktüte
- kleinen Zerstäuber oder Wassersprühflasche
- Schrauben, Schraubenzieher, Drahtschere und kleine Bügelsäge

Zunächst sollten ein paar Skizzen des gewählten Modells gemacht und die Größe des Torsos bestimmt werden. Im Beispiel wird eine 30 cm große Grundplatte mit verstellbarer Metallhalterung verwendet. Die Armierung im Inneren wird aus 5 mm starkem Aludraht mit viereckigem Durchmesser angefertigt. Ein zurechtgebogenes langes Stück bildet Brustkorb und Beine. Befestigen Sie daran ein zweites Stück für Rücken, Hals und Kopf. Ein drittes kürzeres Stück, über die Schultern gelegt, ergibt die Arme. Wenn alle Drahtstücke gut aneinander befestigt sind, biegen Sie das Gestell in die gewünschte Positur. Dann wird es mit doppelt verdrilltem Bindedraht gut am waagrechten Teil der Halterung fixiert.

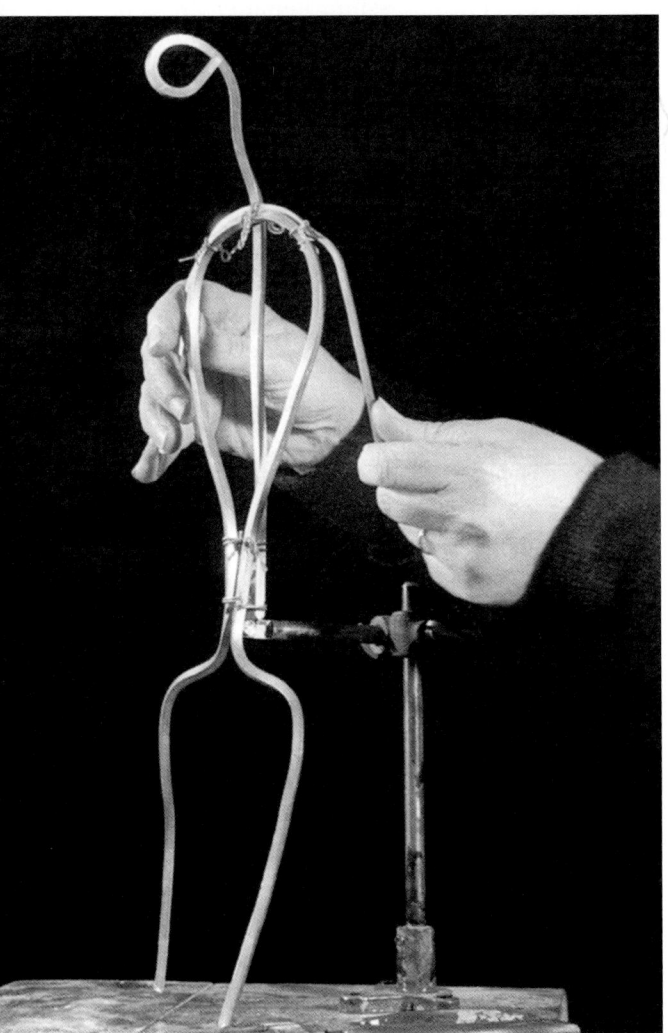
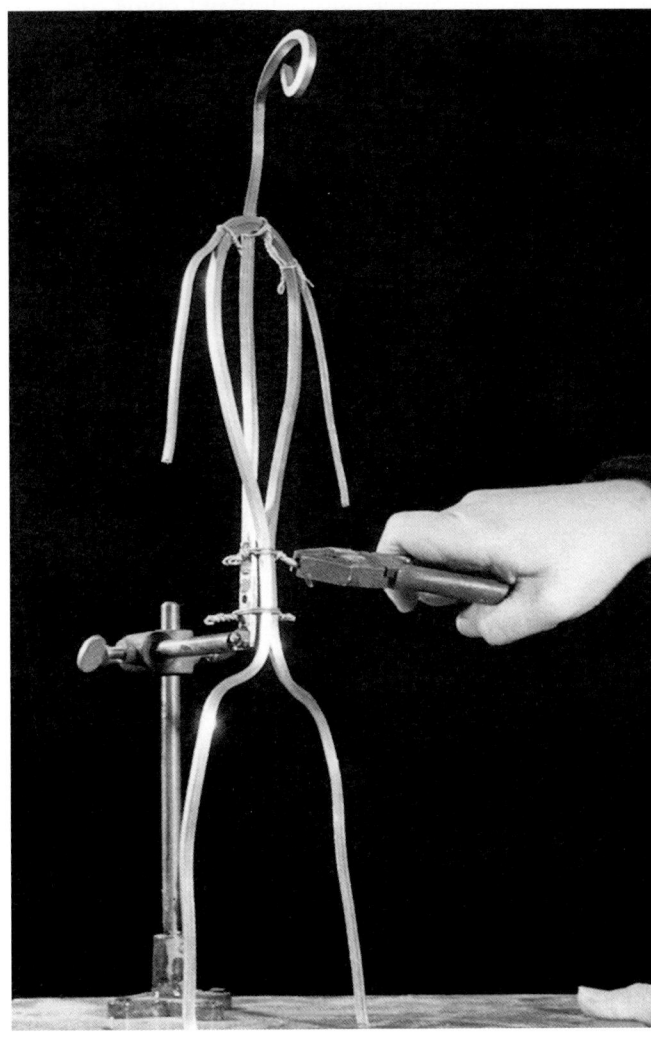

Modellieren, erster Schritt: Volumen schaffen

Bitte beachten: Es ist wichtig, dass der Ton genau die richtige Konsistenz hat. Er soll weich, aber so trocken sein, dass er beim Arbeiten nicht an den Fingern klebt.

Bauen Sie mit einfachen großen einfachen Tonstücken grob den Torso auf. Die schwungvolle Linie der Wirbelsäule ist der Schlüssel. Der kurvenreiche Rücken, die vorgestreckte Hüfte und die nach vorn gereckten, über dem Kopf verschränkten Arme geben der Pose Leben und Bewegung.

Haltung

Beachten Sie die Anordnung der Beine: Das linke gibt dem Torso festen Halt, das rechte ist entspannt nach vorn gestreckt. Dieses könnte auch anders gehalten werden – etwas stärker angehoben oder weiter seitlich. Später wird sich zeigen, dass das rechte Bein absichtlich nicht mit der Basis verbunden ist, damit die Figur leichter wirkt.

Aufbau

Arbeiten Sie die Form mit gleichmäßig großen Tonklümpchen weiter aus. Drücken Sie jedes mit dem Daumen an. Die Fotos zeigen, wie die Figur Stück für Stück wächst. Die Oberfläche sollte weder verstrichen noch sonstwie geglättet werden.

Beim konzentrierten Arbeiten wird die Form immer wieder gedreht. Bald wirkt sie rundum gleichmäßig. Lassen Sie sich nicht dazu verleiten, einzelne Partien schon genauer auszuarbeiten als andere. Das untere Foto zeigt deutlich Hüftschwung und gebogene Wirbelsäule.

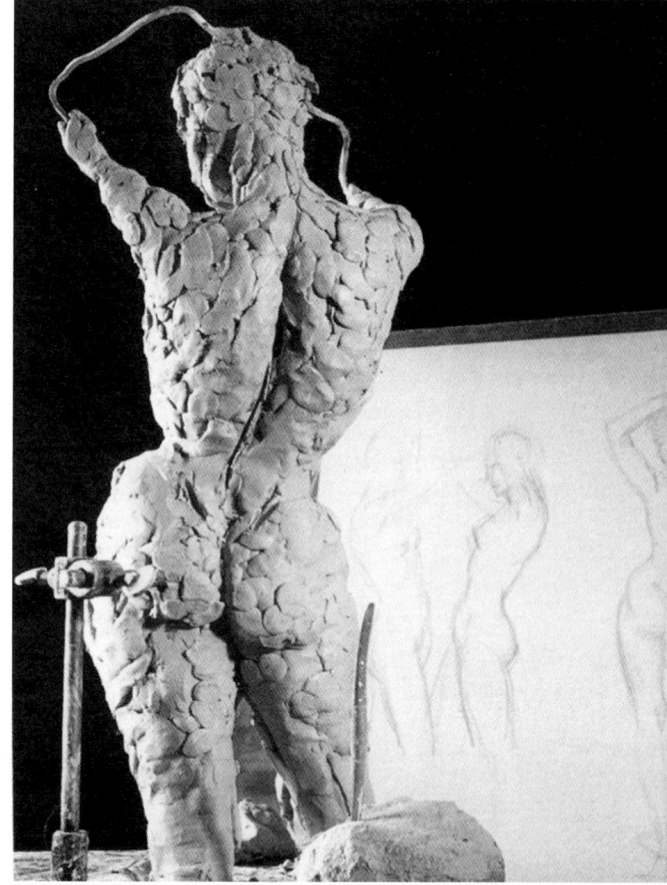

Überprüfen der Form und zweiter Modellierschritt

Nach einer Pause und vor der zweiten Gestaltungsphase stellen Sie sich etwas zurück, drehen Ihr bisheriges Werk hin und her und betrachten es kritisch. Prüfen Sie, ob die Form aus allen Blickrichtungen korrekt wirkt. Fehler in Haltung und Proportionen können Sie dabei noch ausgleichen. Später, wenn Sie sich den Details zuwenden, ist das nicht mehr möglich. Sind Sie mit dem Modell zufrieden, bearbeiten Sie Torso, Kopf und Arme gleichmäßig weiter. Beachten Sie die Dicke der Arme und Beine im Vergleich zum Rumpf ebenso wie die Haltung von Kopf und Händen. Wenn keine Veränderungen in der Gesamtkomposition mehr nötig sind, können Sie sich in aller Ruhe an die Details begeben.

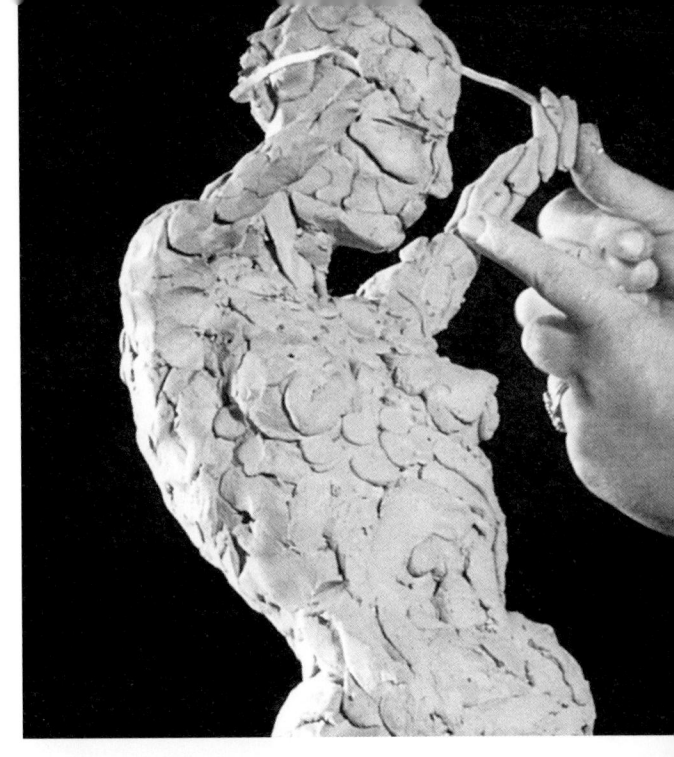

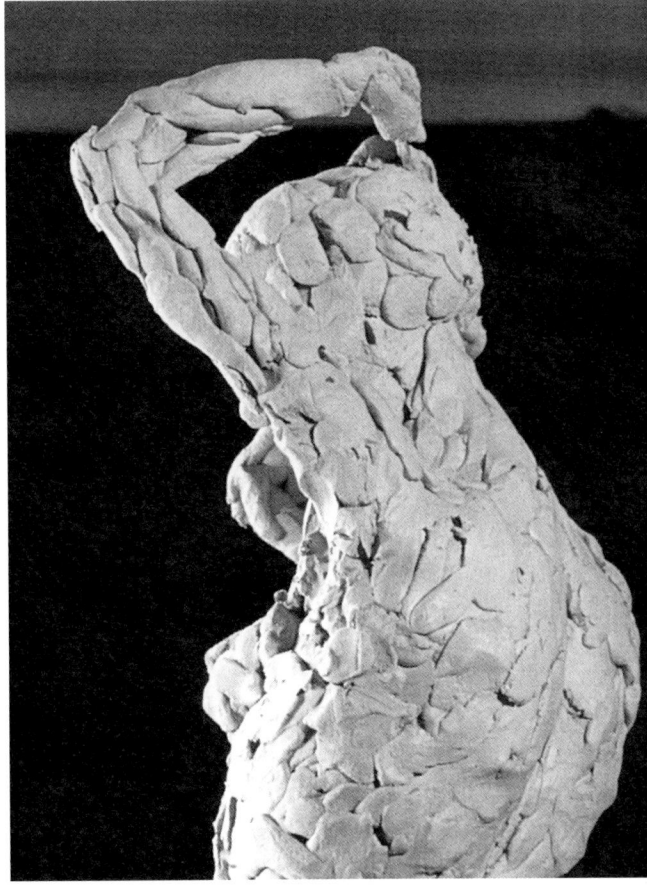

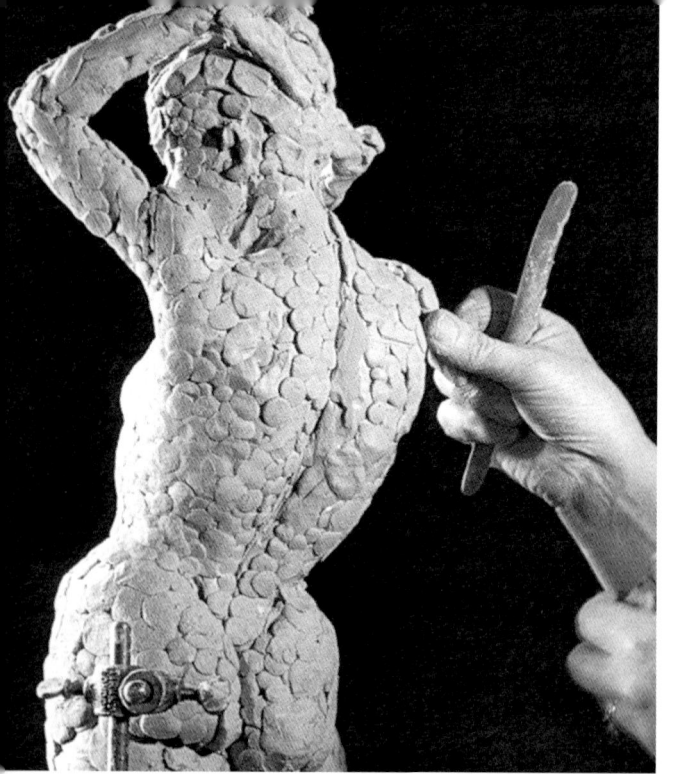

Modellieren, dritter Schritt

Wenn Sie mit dem Gesamteindruck des Torsos zufrieden sind, beginnt die nächste Stufe des Modellierens. Prüfen Sie die Knochenstruktur, besonders die große Wirbelsäulenpartie am Nacken, Schulterblätter und Hüftknochen. Legen Sie deren Position vor Ausarbeitung weiterer Details genau fest.

Beim Modellieren fügen Sie langsam Schritt für Schritt weiteren Ton an. Haben Sie irgendwo zu massig gearbeitet, nehmen Sie Überschüsse mit der Modellierschlinge ab. Kratzen Sie ruhig etwas mehr weg und bauen Sie die entsprechende Partie der Form ganz neu auf. Wenn die Knochenstruktur von Brustkorb und Hüften festliegt, beginnen Sie mit Brüsten und Muskeln, die die Arme halten.

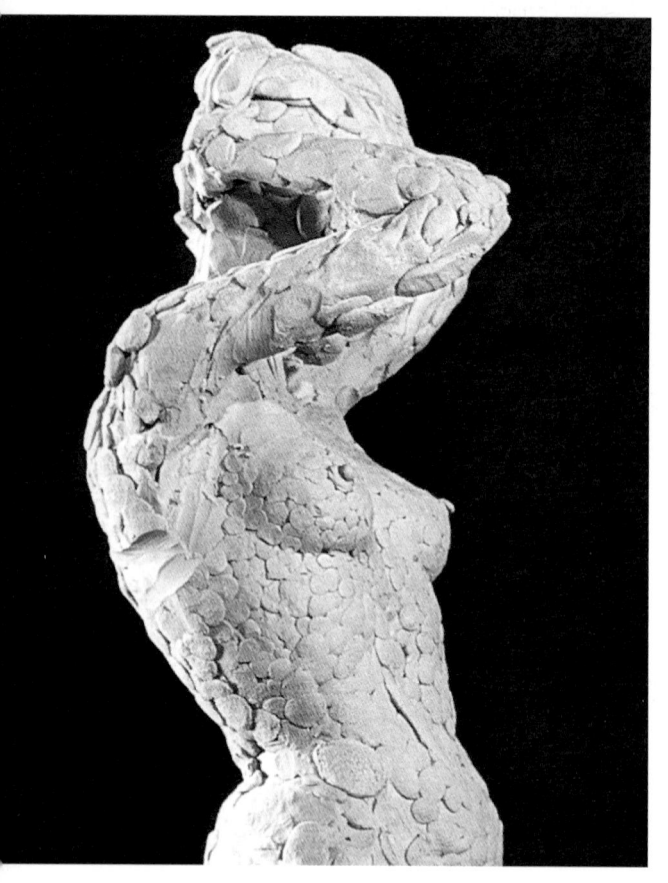

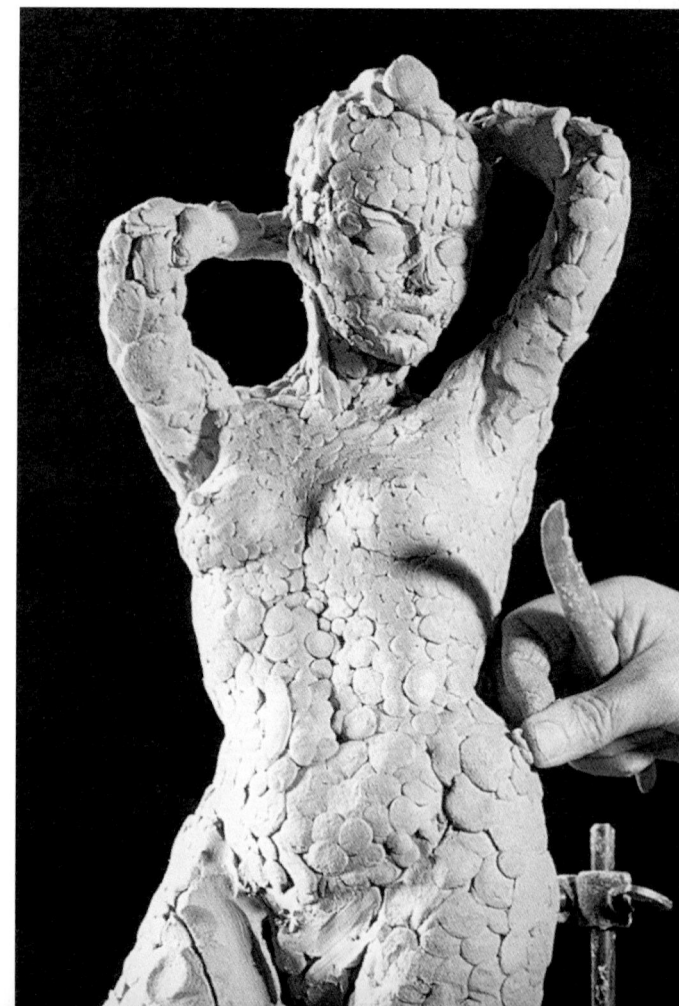

Modellieren, vierter Schritt

Die Torsoform sollte nun aus einem Guss wirken. Auf den Fotos ist zu sehen, wie das Modell mit Verfeinerung der Linien immer mehr Leben gewinnt. In diesem Stadium sollten Sie sich beim Modellieren darauf konzentrieren, die einzelnen Körperteile korrekt aufeinander abzustimmen. Achten Sie auch auf solche Details wie die festen, angespannten Muskeln des Standbeins im Vergleich zum viel lockerer wirkenden rechten Bein. Ebenso deutlich ist der Kontrast zwischen den weich und zart wirkenden Brüsten im Vergleich zum harten Brustkorb mit angedeuteten Rippen und den stark gestreckten Bauchmuskeln zu erkennen.

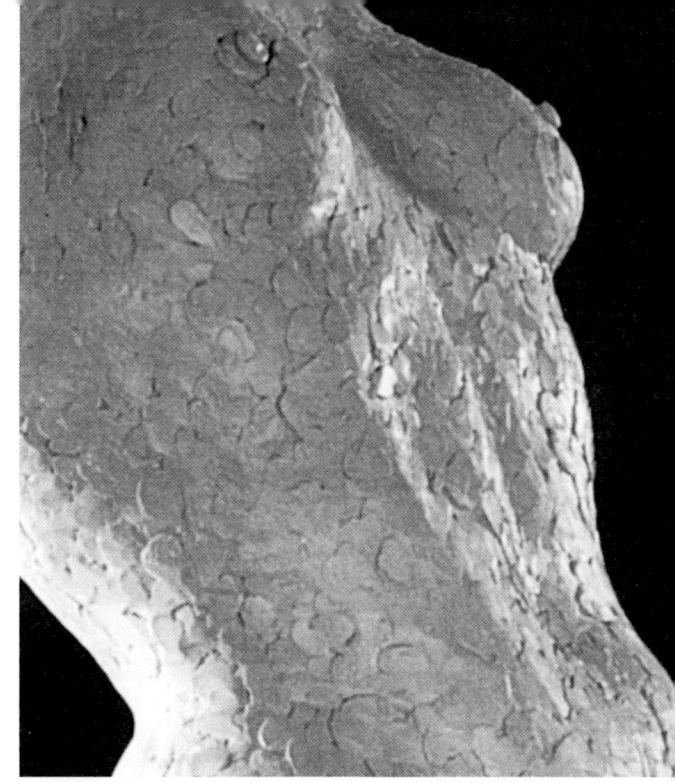

Kopf und Arme

Kopf und Arme wurden bisher nicht ganz so exakt ausgeformt wie der Rest der Figur. Das liegt daran, dass speziell beim gezeigten Modell die Gestaltung der Schulterpartie für die weiteren Schritte sehr wichtig ist. Auf den Bildern wird deutlich, dass der Kopf etwas angehoben ist, damit er sich gut in die von hinten stützenden Hände schmiegt. Sobald die Kopfhaltung passt, wird er genauso fein ausgestaltet wie der Rest. Die Figur kann jetzt den letzten Schliff erhalten.

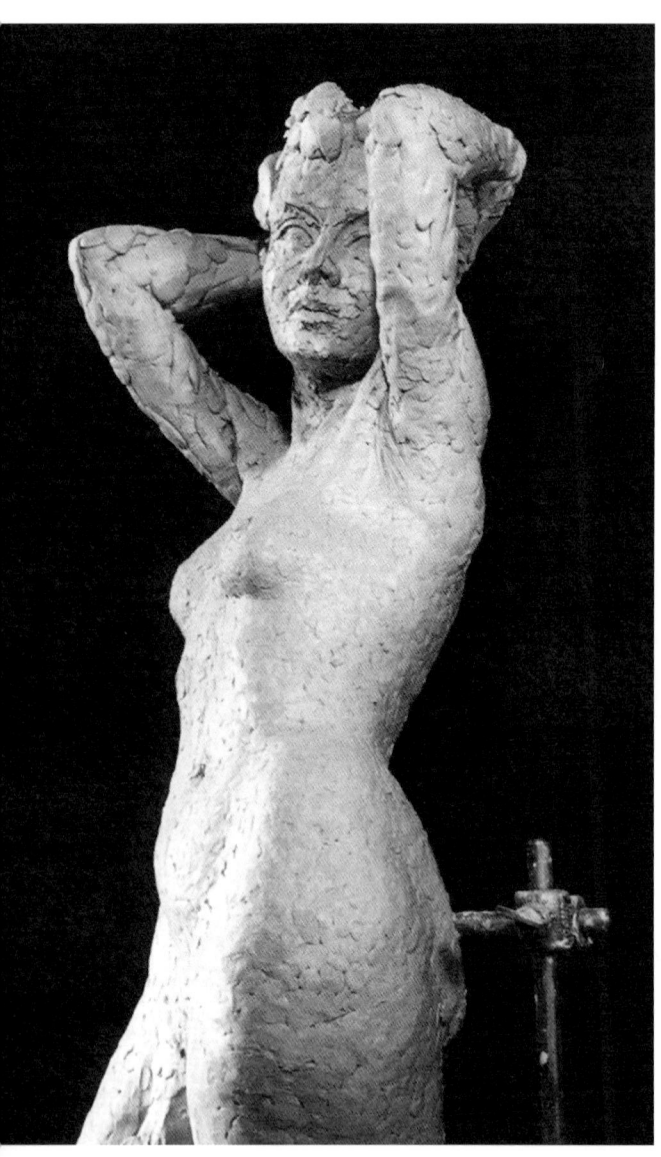

Fertigstellung

Der gesamte Torso sollte jetzt einheitlich vollendet werden. Er wirkt richtig lebensvoll, wenn die Formen fließend ineinander übergehen. Die Muskelpartien lassen erkennen, dass sie über einer stabilen Knochenstruktur aufgebaut sind. Jedes Körperteil hat seine markante Form und charakteristische Haltung. Die Tonoberfläche sollte nicht aussehen, als ob sie absichtlich strukturiert wäre, aber auch nicht zu sehr geglättet und dadurch künstlich erscheinen. Alle sichtbaren Spuren von Werkzeugen sind ausschließlich Ausdruck von sachlicher Notwendigkeit.

Sobald Sie mit dem Modell zufrieden sind, ist es fertig zum Abgießen. Bis dahin wird der Ton frisch gehalten (siehe Seite 19).

Herstellen der Gießform

Hauptform

Der Rücken des Torsos wurde zum Hauptteil der Form bestimmt. Das Vordere wird an der Brust in zwei Hälften unterteilt. Zum Abgrenzen werden Messingstreifen verwendet. Sie sind rund um den Körper und in Brusthöhe fest in den Ton gepresst und an manchen Stellen zu kleinen Verzahnungen verbogen, damit die Formteile später perfekt aufeinander sitzen. (Statt Messing könnte man auch Tonstreifen verwenden.)

Vorbereitung

Am besten wird die Arbeitsfläche mit Plastikfolie bedeckt. Hängen Sie möglichst auch Folie hinter der Skulptur auf, damit der Arbeitsbereich sauber bleibt. Legen Sie die Werkzege an eine Seite oder decken Sie sie zu. In der Nähe steht ein großer Eimer Wasser zum Vorreinigen von Werkzeugen und Gefäßen. So wird der Abfluss nicht mit aushärtenden Gipsresten verstopft. In Plastikschüsseln kann der Gips härten. Wenn man sie umstülpt oder von unten klopft, löst er sich.

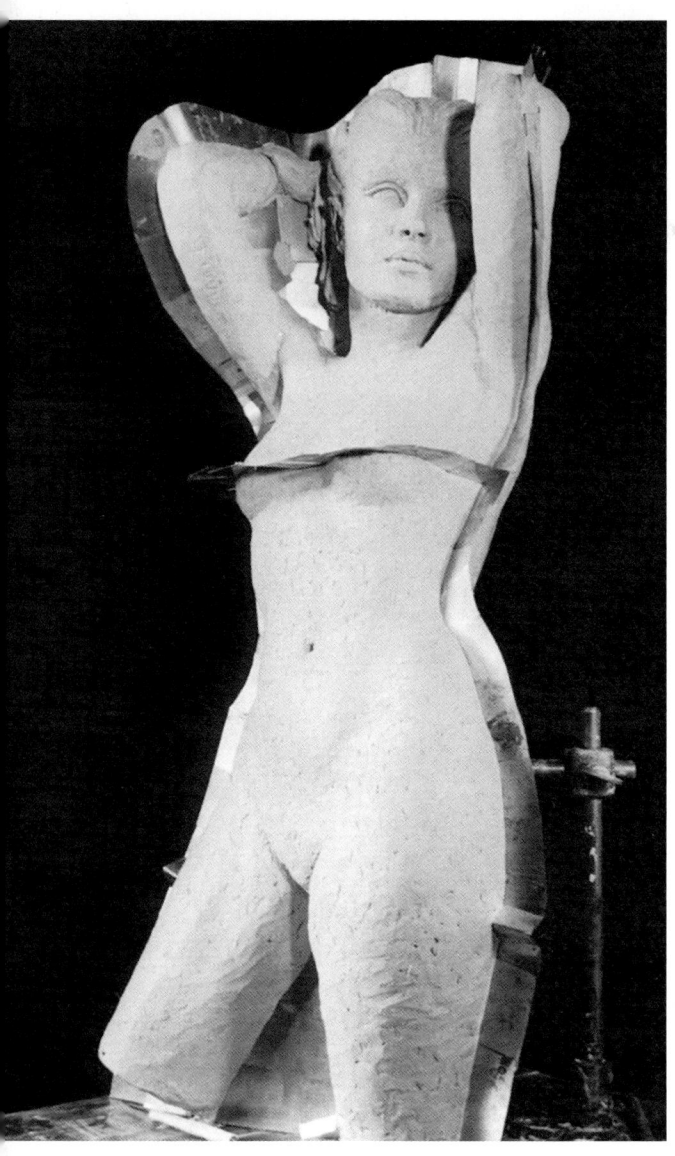

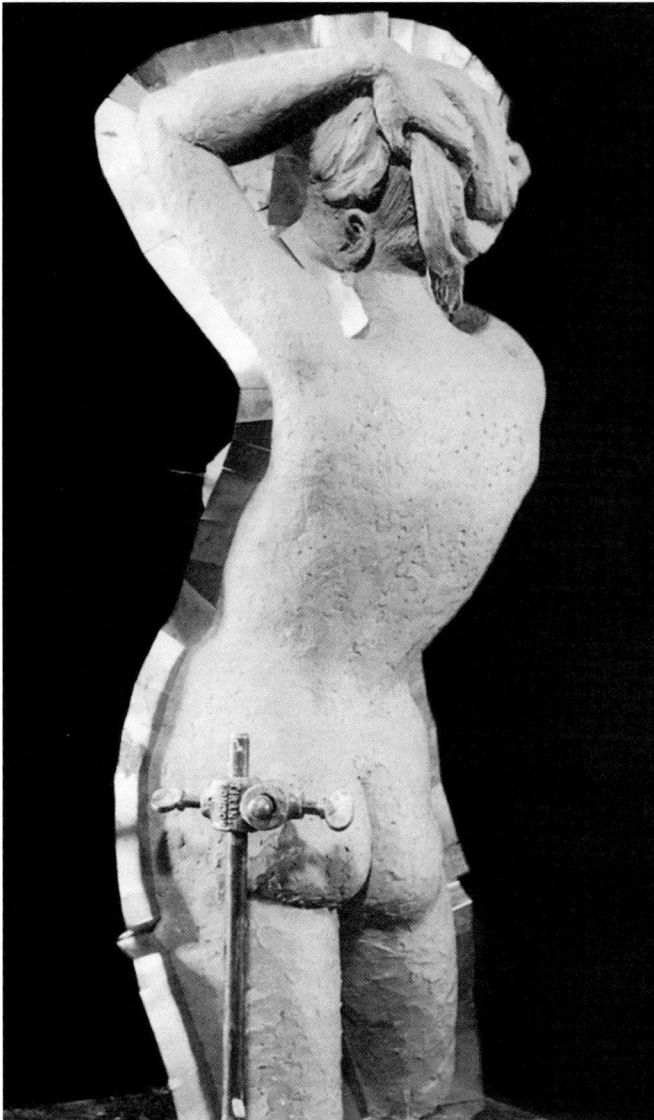

Erste Gipsschicht

Mischen Sie nach Anleitung von Seite 24 den Gipsbrei mit etwas Farbe an. Hüllen Sie die Vorderseite der Figur in Frischhaltefolie und legen Sie einen dicken Tonstreifen um das Eisengerüst und die Schraubenmuttern. Dann klatschen Sie den weichen Gipsbrei auf die Rückenseite der Figur, bis sie dünn, aber vollständig bedeckt ist. Durch den Schwung beim Aufspritzen werden auch feine Vertiefungen ausgefüllt. Wenn der Brei leicht antrocknet, behandeln Sie die Säume, ohne die Messingstreifen zu verändern. Halten Sie deren Kanten sauber. Werfen Sie zu hart werdende Gipsüberschüsse weg. Wenn der Rücken gleichmäßig dick überzogen ist, entfernen Sie die Folie von der Vorderseite und wiederholen den Prozess dort. Ist auch die Vorderseite gleichmäßig dick umhüllt, so reinigen Sie zunächst Hände und Schüsseln. Vielleicht sind die Säume stabil genug, um sie jetzt zu säubern. Sonst warten Sie damit bis nach dem zweiten Gipsüberzug. Sie sollten kein Verrutschen der Messingstreifen riskieren.

Tonschlicker

Wenn der Gips fest geworden ist, pinseln Sie die Oberfläche teilweise mit Tonschlicker ein. Überziehen Sie den Gips aber nicht vollständig. An den eingeschlickerten Stellen verbindet sich die zweite Gipsschicht nicht mit der ersten. Die Methode erleichtert später das Abklopfen der Form vom fertigen Abguss.

Zweite Gipsschicht

Mischen Sie weiteren Gips, diesmal ohne Farbe, in einer sauberen Schüssel. Tragen Sie eine dünne Schicht davon über der ersten Hülle auf. Dann tauchen Sie etwas Gewebeband in den Gipsbrei und legen es flach über schwache Stellen rund um die Basis der Figur, ohne die Säume zu überkleben. Verwenden Sie nicht mehr Gewebe als nötig, denn es erschwert später das Abnehmen der Form. Tragen Sie den restlichen Gips in einer möglichst gleichmäßig dicken Schicht rund um die Figur auf.

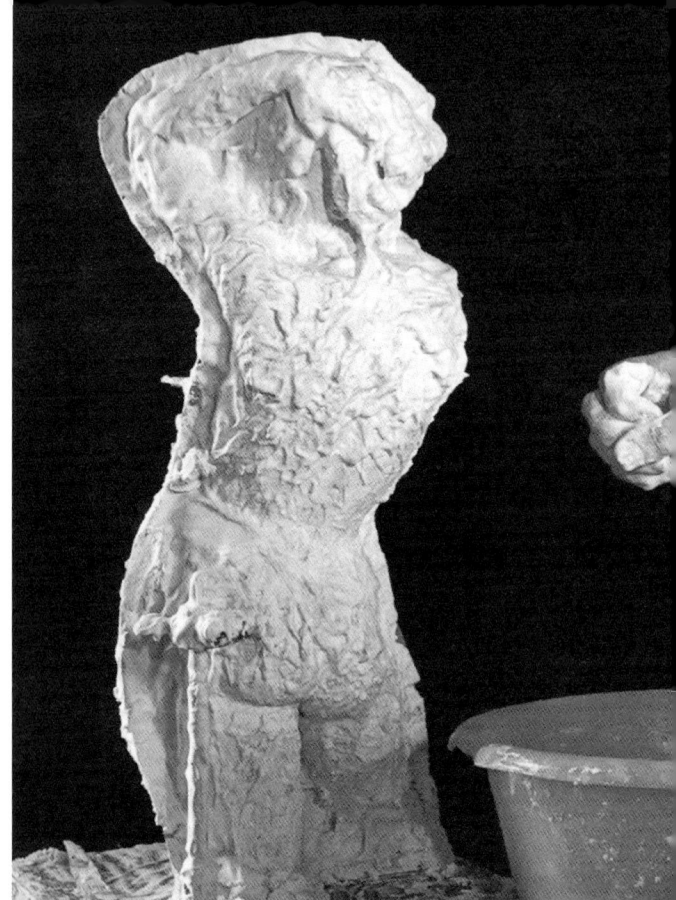

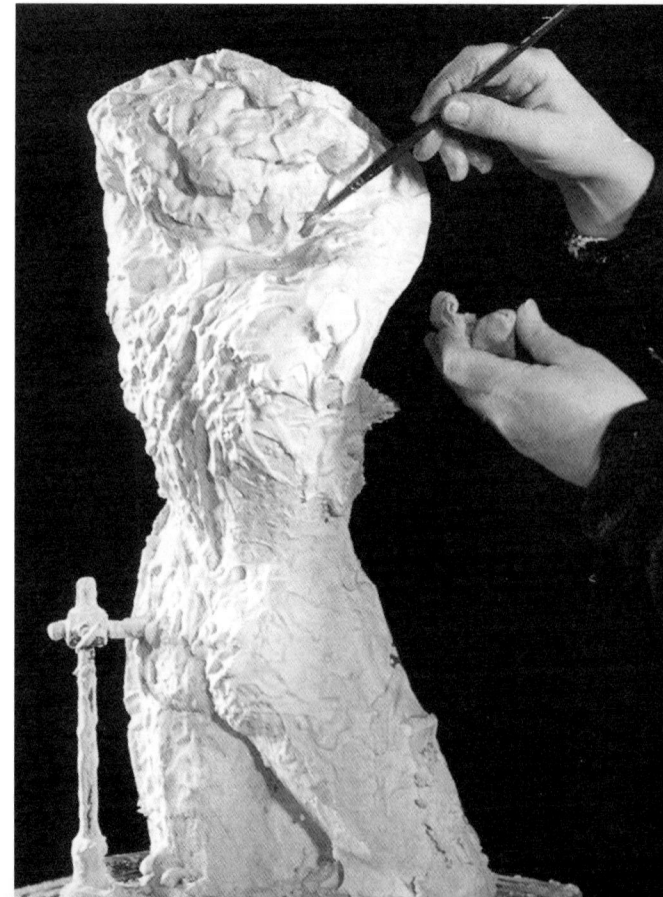

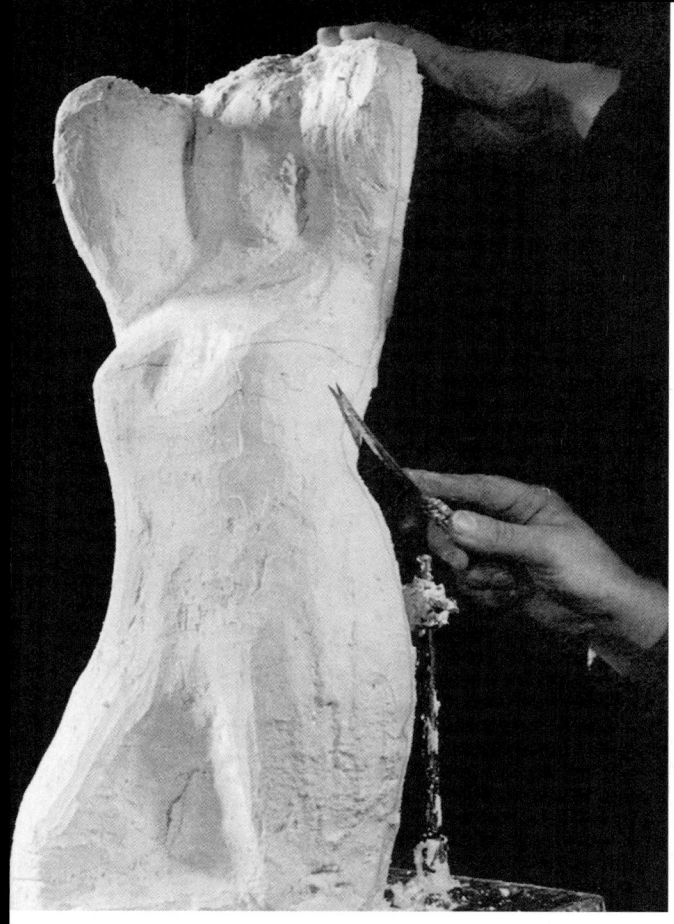

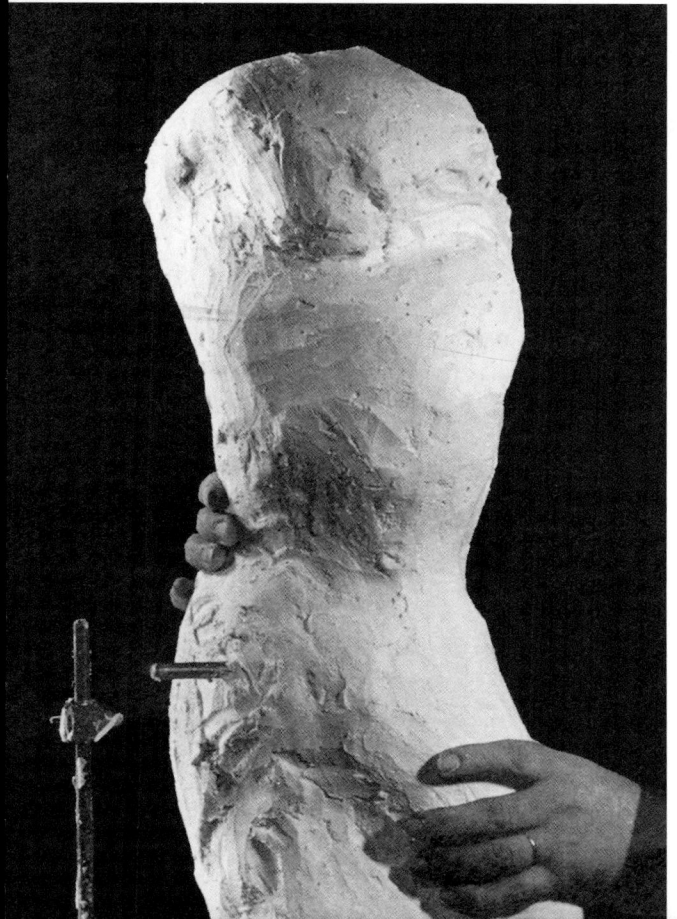

Reinigen der Säume

Ist die Gipsform gleichmäßig dick, werden mit einem Messer die Säume gereinigt, bis die Messingstreifen zum Vorschein kommen. Lassen Sie den Gips einige Stunden ruhen, bis er abgebunden hat. Beim Trocknen wird er ziemlich heiß.

Abnehmen von der Grundplatte

Reinigen Sie die Halterungen von Ton- und Gipsresten. Bei der Armierung im Beispiel werden die Flügelmuttern geöffnet. Die vertikale Stange bleibt dabei noch in Torso und Gipsform. Stattdessen könnte die Halterung auch unten von der Platte abgeschraubt werden. Wenn Sie nun die anfangs eingeschlickerte Grundplatte anfeuchten, können Sie die Figur verrutschen, um sie komplett zu lösen.

Einweichen

Legen Sie die Model in Waschbecken oder Badewanne in klares Wasser. Der Ton quillt dabei auf und drückt die Formteile an den Säumen auf. Der Ton an den Säumen wird weicher. Ziehen Sie mit der Zange vorsichtig die Messingstreifen heraus und nehmen Sie die kleineren Segmente vom Hauptteil ab.

Entfernen des Tons

Wenn die gewässerten Formteile lose sind, heben Sie sie auf eine Bank und entfernen vorsichtig den Ton aus dem Inneren. Zwicken Sie mit der Zange das Drahtgestell weg, ohne dabei das Innere der Gipsform zu zerkratzen oder sonstwie zu beschädigen. Entfernen Sie sorgfältig alle Tonreste aus den Vertiefungen. Kleine Holz- oder Maniküréstäbchen tun hier gute Dienste.

Jetzt ist die Gießform fertig zum Gebrauch. Falls Sie sie nicht gleich benutzen möchten, legen Sie die Teile aufeinander und verbinden sie fest miteinander, damit sie sich nicht verwerfen.

Abguss

Alle Formteile müssen innen zunächst versiegelt oder imprägniert werden, damit der Gips beim Eingießen nicht anhaftet. Dazu gibt es viele Methoden, u.a. Sprays. Die anschließend beschriebene traditionelle Methode ist genauso wirksam wie preiswert.

Seife und Öl

Schmierseife (der dickliche Seifenbrei wird oft in größeren Gebinden verkauft) wird mit einem weichborstigen Qualitätspinsel sorgfältig ins Innere der Form eingearbeitet. Den entstehenden Schaum wischen Sie ab und streichen nochmals Seife auf. Nachdem Sie wieder den Schaum entfernt haben, versiegeln Sie die Fläche zusätzlich mit einer dünnen Ölschicht (normales Brat- oder Olivenöl). Vergessen Sie nicht die Säume und arbeiten Sie sogar ein bisschen nach außen darüber hinaus.

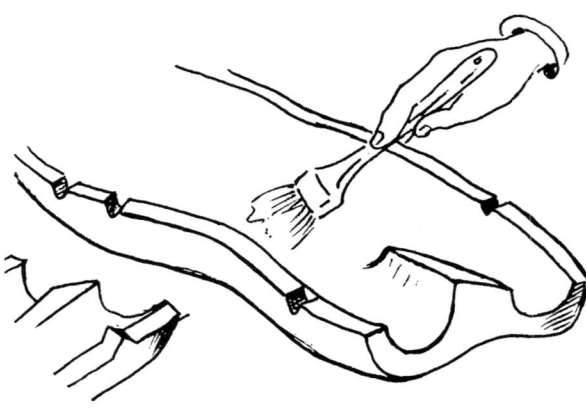

Erster Gipsguss

Mischen Sie für den ersten Überzug leicht eingefärbten Gips und schwenken Sie ihn im Inneren der Formteile. Überschüsse werden abgegossen. Am besten bearbeiten Sie ein Teil nach dem anderen, damit innen keine Luft eingeschlossen wird und sich der Gips ganz gleichmäßig verteilt. Solange er noch nass ist, werden die Säume gereinigt, damit es später beim Zusammenbauen der Formteile keine Probleme gibt.

Zweiter Gipsguss mit Gewebeverstärkung

Wenn die Formteile trocken sind, erhalten sie einen zweiten Gipsüberzug. Schwächere Partien werden dabei mit angefeuchtetem Gewebeband verstärkt. Verstärken Sie enge und flache Stellen nicht zu stark, damit die Teile später beim Zusammensetzen noch aufeinander passen. Die Kanten müssen sauber bleiben, damit sie ganz dicht schließen.

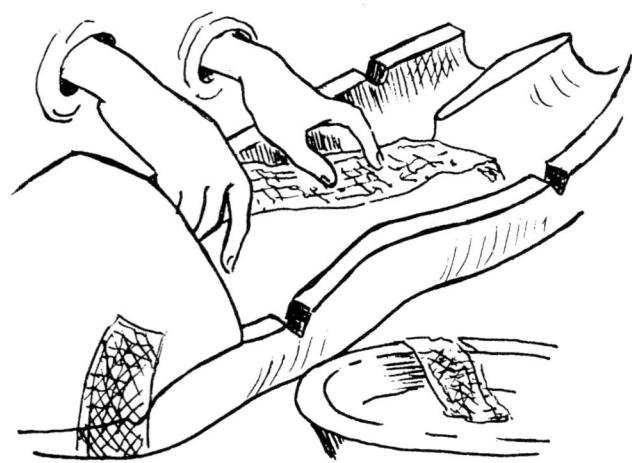

Komplettierung der Gießform

Umbinden der Teile

Legen Sie die Formteile mit Hilfe der Verzahnungen aufeinander. Sie müssen genau sitzen und dicht schließen. Umbinden Sie das Ganze fest mit Schnur oder Draht. Hilfreich ist dabei das Überkleben der Schnur mit etwas leicht eingegipstem Gewebeband, damit sie nicht verrutscht.

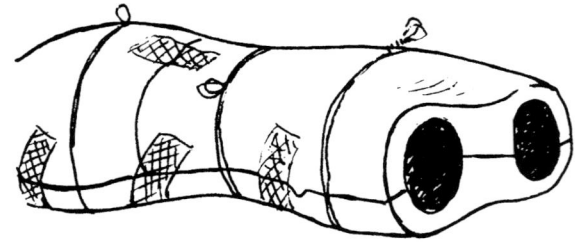

Säume

Drehen Sie die Form auf den Kopf. Stellen Sie sie hochkant, notfalls, indem ein Helfer das Ganze hält. Nun wird etwas frischer Gipsbrei in die Beinöffnungen gegossen und leicht umhergeschwenkt, damit er die Säume füllt.

Ausgießen

Lassen Sie anschließend den restlichen dünnen Gipsbrei wieder abfließen. Die Form darf nicht zu sehr gefüllt werden, denn das Standbein muss für die spätere Befestigungsstange hohl bleiben. Die Höhlung sollte möglichst gleichmäßig ausfallen. (Nur sehr kleine Formen werden massiv gegossen.)

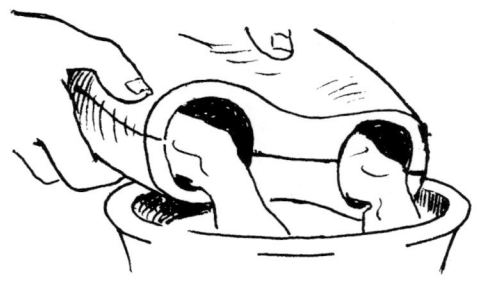

Entnehmen der Figur

Wenn der Gips abgebunden hat, legen Sie die Gießform auf einen weichen Sack oder ein altes Kissen. Entfernen Sie mit ein oder zwei nicht zu scharfen Meißeln die äußere Gipsschicht. Der zwischen den Gipsschichten aufgetragene Schlicker erleichtert das erheblich. Sobald Sie auf die gefärbte erste Gipsschicht der Form stoßen, arbeiten Sie sehr vorsichtig. Die letzten

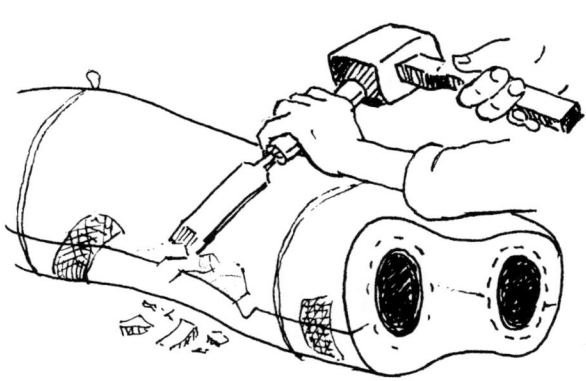

Gipsreste der Form sollten mit viel Fingerspitzengefühl abgeschlagen werden. Eventuelle Beschädigungen am Abguss lassen sich mit etwas dünnem Gipsbrei auf den vorher angefeuchteten Stellen ausbessern.

Montage

Zum Präsentieren der Figur brauchen Sie eine Stange. Geeignet ist beispielsweise 6-10 mm starkes Kupferrohr. Schieben Sie es so weit wie möglich ins Innere des Standbeines hoch. Schneiden Sie es unten so ab, dass noch ein guter Teil zur Montage auf dem Sockel heraus schaut. Für den Sockel eignet sich handelsübliches Hartholz.

Wickeln Sie nasses, in Gipsbrei getauchtes Gewebeband oben um die Stange. Drücken Sie sie mit dem Band nach oben vorsichtig in die Höhlung. Befestigen Sie ihr unteres Ende auch unten am Bein. Dazu füllen Sie den Hohlraum mit gipsgetränktem Gewebe. Lassen Sie das Ganze trocknen. Die Stange sollte jetzt fest im Bein sitzen, so dass Sie sie im Sockel fixieren können (siehe Seite 33).

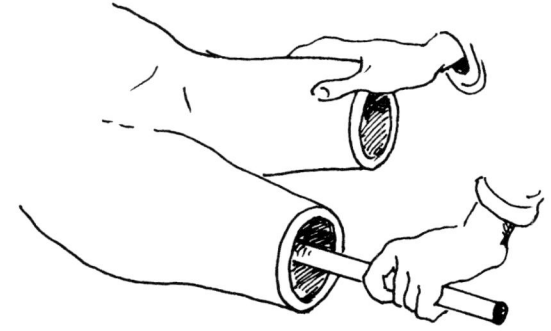

Falls die Oberfläche bronziert werden soll, finden Sie eine entsprechende Anleitung auf Seite 34.

Balletttänzerin

Vorüberlegungen

Das Motiv eignet sich hervorragend zum Modellieren in Ton. Es gibt Lernenden die Gelegenheit, Geschick und Kenntnisse in der figürlichen Darstellung unter Beweis zu stellen. Gleichzeitig fordert es exaktes Beobachten, damit die schwungvollen, harmonischen Bewegungsabläufe richtig getroffen werden.

Nach ein paar Skizzen aus allen Blickrichtungen bestimmen Sie die Größe der Figur und stellen eine entsprechende Armierung her. Hier wird eine 30 cm große Grundplatte mit verstellbarer Stütze verwendet. Die Armierung für die Figur besteht aus etwa 3 mm starkem Aluminiumdraht. Aus einem langen Stück wird zunächst eine Schlinge für Brustkorb und Hüftpartie geformt und unten zu Beinen erweitert. Daran wird ein weiteres Drahtstück mit einer exakt in Kopfhöhe (in Kopfmitte gemessen) liegenden Schlinge befestigt. Ein dritter Draht in Schulterhöhe bildet die Arme. Zum Schluss kommt noch eine Schlinge für das Ballettröckchen hinzu. Die Armierung wird mit an beiden Beinen verdrill-

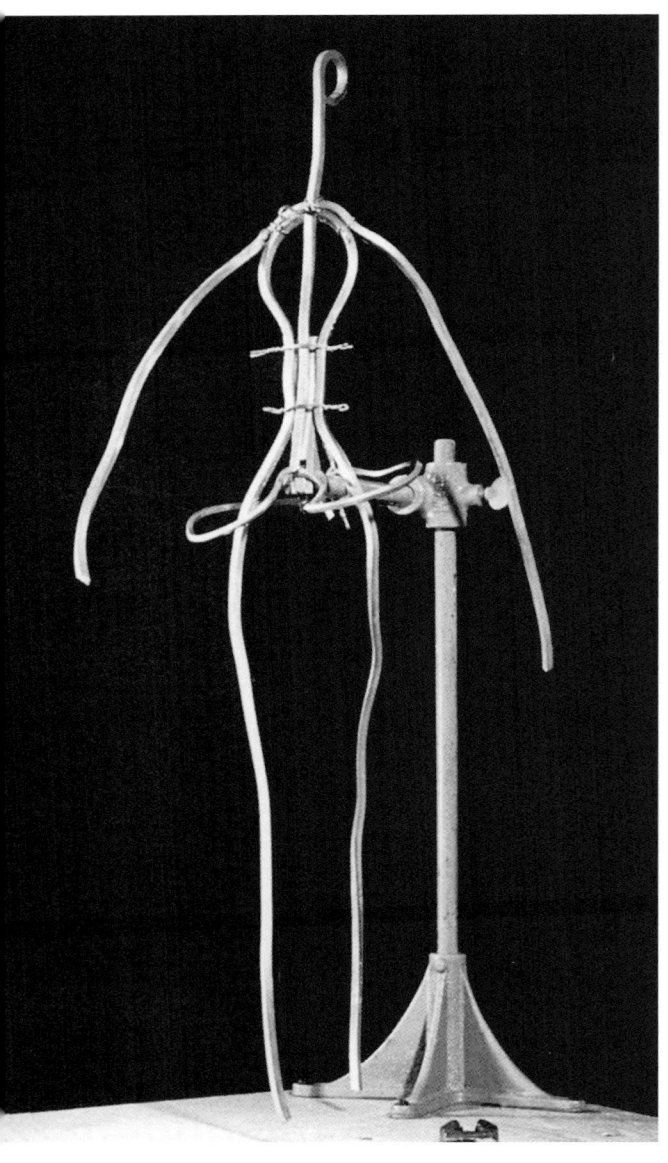

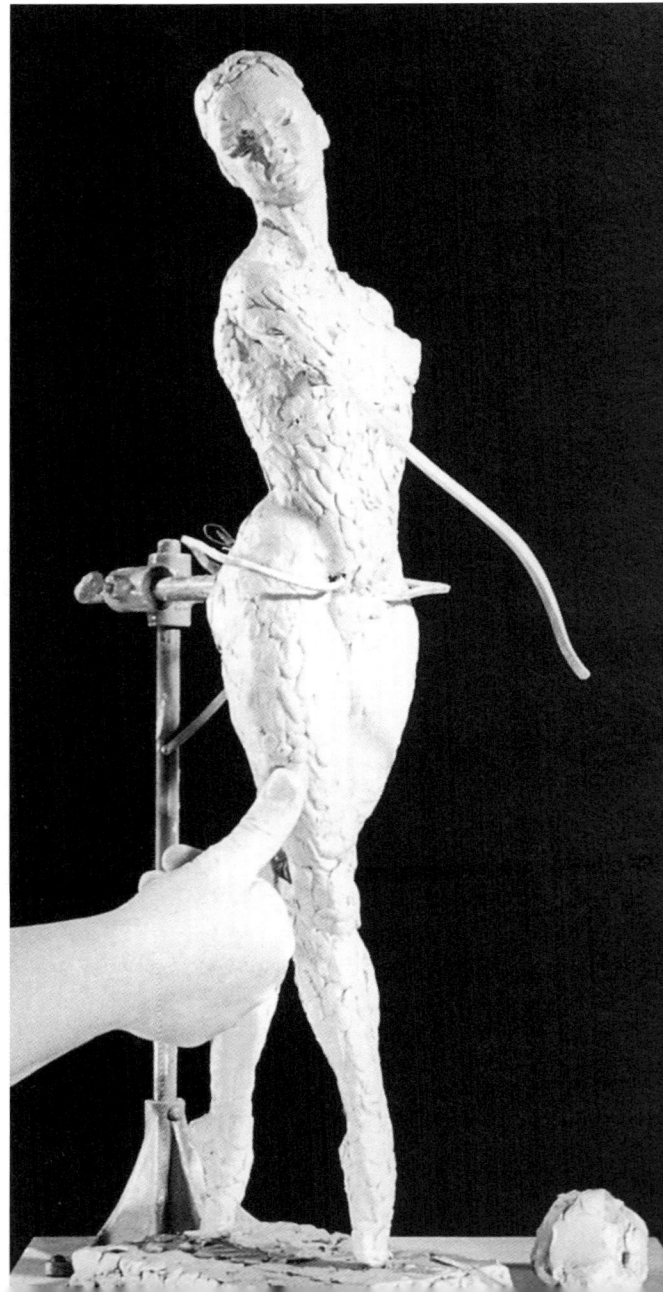

tem doppeltem Draht an der Haltestütze befestigt und mit der Zange gut fixiert. Dieses Gerüst lässt sich leicht in die gewünschte Stellung biegen und bietet dem Ton beim Modellieren festen Halt.

Erste Phase

Der Ton sollte bei der Bearbeitung in optimalem Zustand sein – weich genug und formbar und dennoch so trocken, dass die Finger nicht schmierig werden. Bauen Sie die Strukturen durch kräftiges Andrücken mit dem Daumen auf. Führen Sie die Figur zunächst als Akt aus, damit die Haltung genau stimmt, bevor Sie das Röckchen anmodellieren. Die Füße stehen über dem Boden. Später können Sie sie mit weiterem Ton stützen. Dadurch lassen sich bei Bedarf die Bein- und Fußlänge verändern. Wenn Sie mit Proportionen, Pose und Balance der Figur zufrieden sind, modellieren Sie den Rock und biegen den Draht für die Arme zurecht.

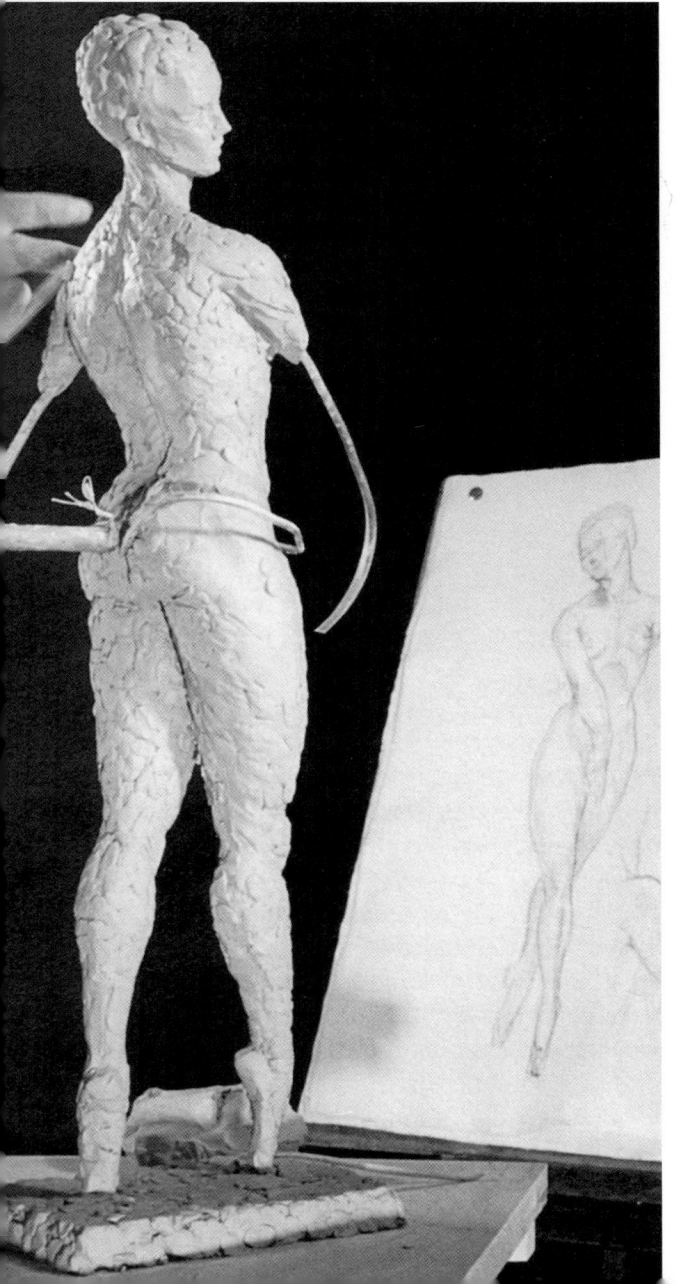

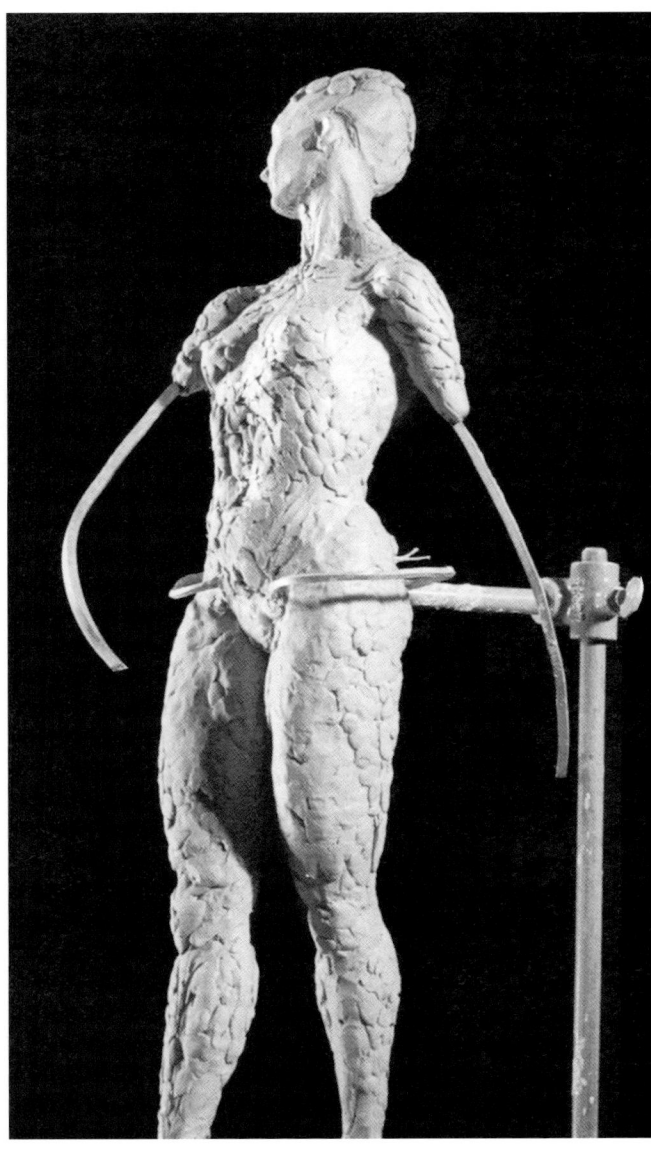

Zweite Phase

Halten Sie die Formen noch derb und großzügig. Werden Sie bei jedem Durchgang mit kleiner werdenden Tonklümpchen immer genauer. Wegschneiden ist – außer bei grundlegenden Änderungen – nicht anzuraten. In diesem Fall entfernen Sie an einer Stelle den Ton komplett und beginnen ganz neu mit dem Aufbau.

Verfeinern Sie einzelne Partien der Tänzerin nicht vorzeitig. Prüfen Sie Ihr Werk aus einiger Entfernung, drehen Sie die Platte mehrmals. Vergewissern Sie sich, dass Proportionen und Haltung stimmen und später nicht mehr geändert zu werden brauchen. Dann bringen Sie Arme und Hände aufs gleiche Niveau wie den Rest der Figur.

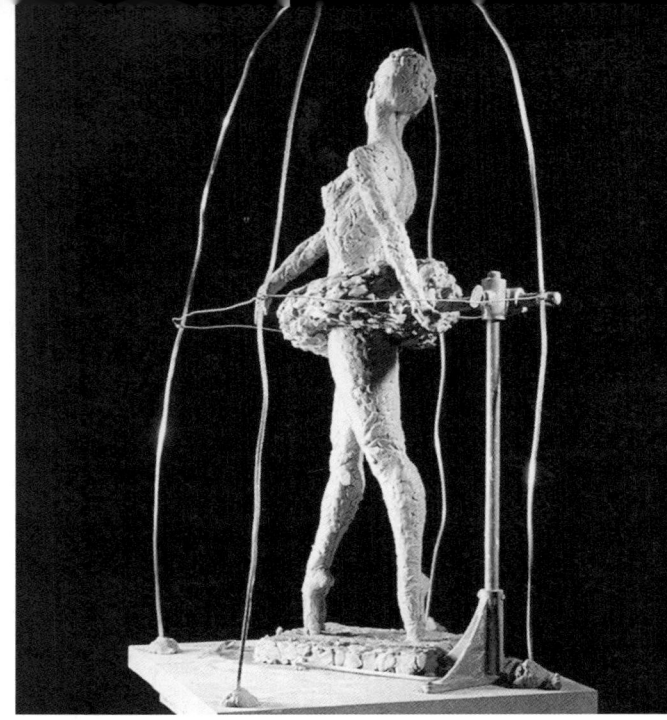

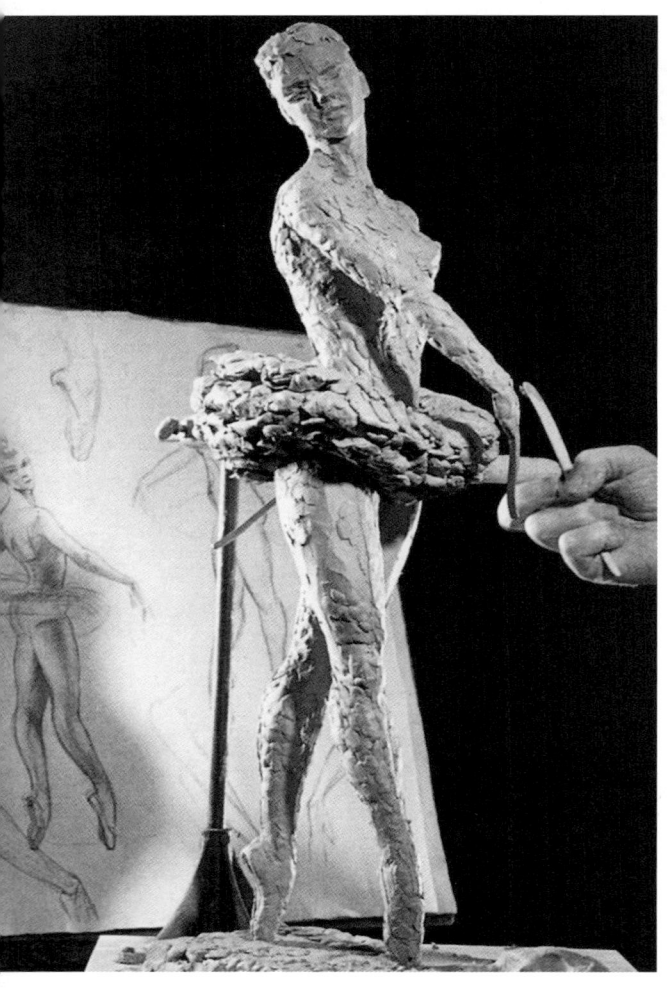

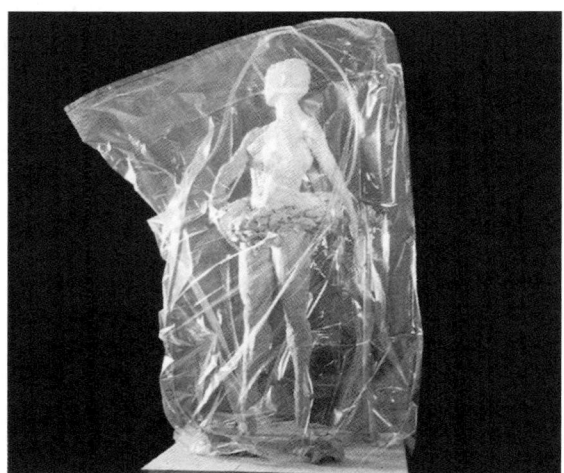

Besprühen

Der Ton muss zum Bearbeiten in plastischem Zustand bleiben. Dazu wird er in den Arbeitspausen mit etwas Wasser besprüht, nicht zu nass. Anschließend umhüllen Sie die Figur mit Plastikfolie.

Während der letzten Arbeitsphasen können Sie ein leichtes Drahtgestell improvisieren, das die Plastikhülle auf Abstand hält. Im Beispiel sind dazu einfach zwei Schlingen aus Aludraht verwendet, die oben und in der Mitte mit Bindedraht fixiert sind. Die Drahtenden sind in Tonklumpen auf der Grundplatte gesteckt.

Fertigstellung

Hier ist deutlich zu sehen, dass das Modell noch weiter verfeinert wurde. Die festen Formen gehen ineinander über, die Figur strahlt Kraft und Leben aus.

Hände und Füße

Die mittlerweile fein ausgearbeiteten Hände und Füße verleihen der Tänzerin Charme und Anmut. Die Füße stützen die gesamte Figur fest und sicher, ganz im Gegensatz zur Leichtigkeit der frei gehaltenen Hände.

Details am Kostüm

Die elegante Kopfhaltung wird durch den zarten Kopfschmuck zusätzlich betont. Ebenso bilden die angedeuteten Applikationen des Trikots einen interessanten Kontrast zu den fließenden Körperformen.

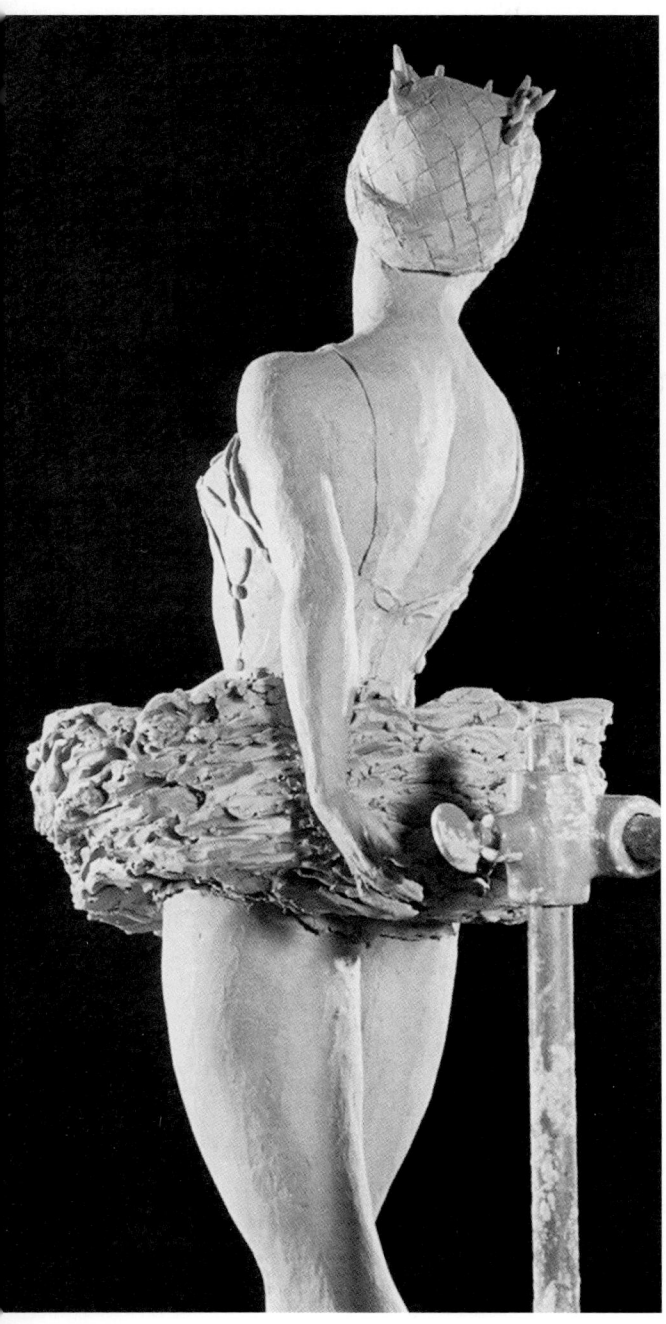

Fertigstellung

Es ist wichtig, die Oberflächen nicht zu sehr zu glätten, damit sie nicht künstlich wirken. In der Struktur spiegelt sich die Suche des Künstlers nach Authentizität und sein persönlicher Ausdruck. Dies gibt dem Modell zusätzlich Leben.

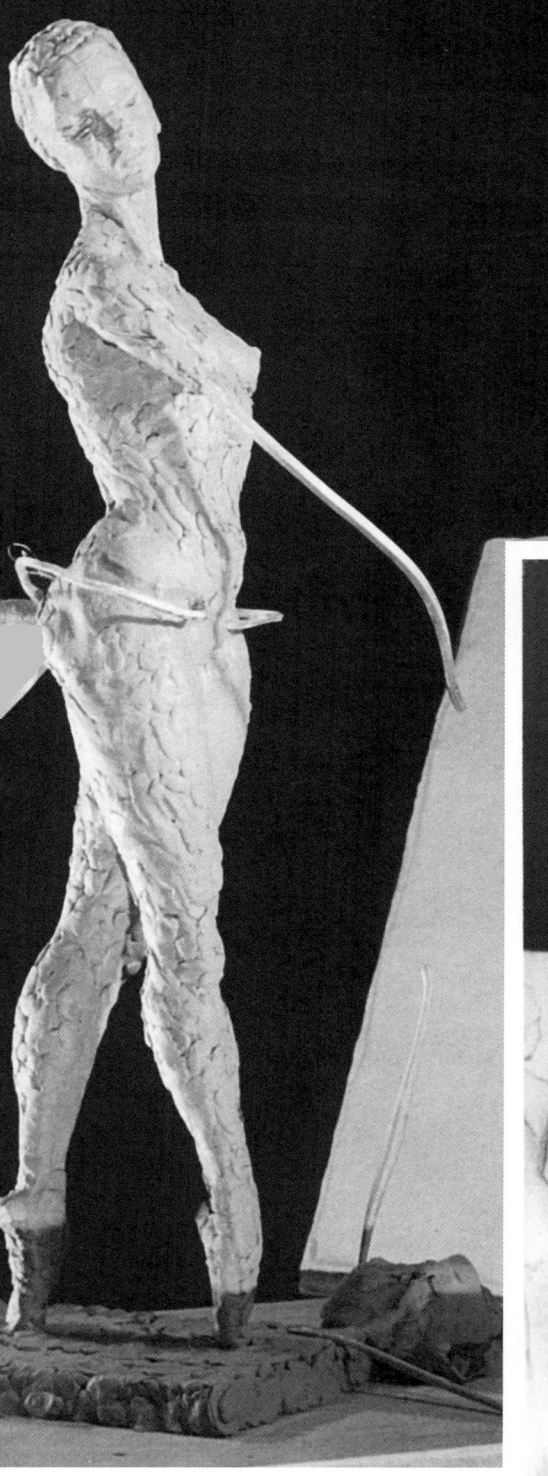

Wichtige Stadien

Die drei aus derselben Perspektive aufgenommenen Fotos zeigen die Figur in mehreren Bearbeitungsphasen:

1. Die relativ massige Ausführung des Akts ist ein guter Anfang.

2. Im nächsten Stadium ist das Grundmodell auf dieser Grundlage bereits verfeinert.

3. Die fertig modellierte, gelungene Tänzerin entspricht genau den Intentionen der Künstlerin.

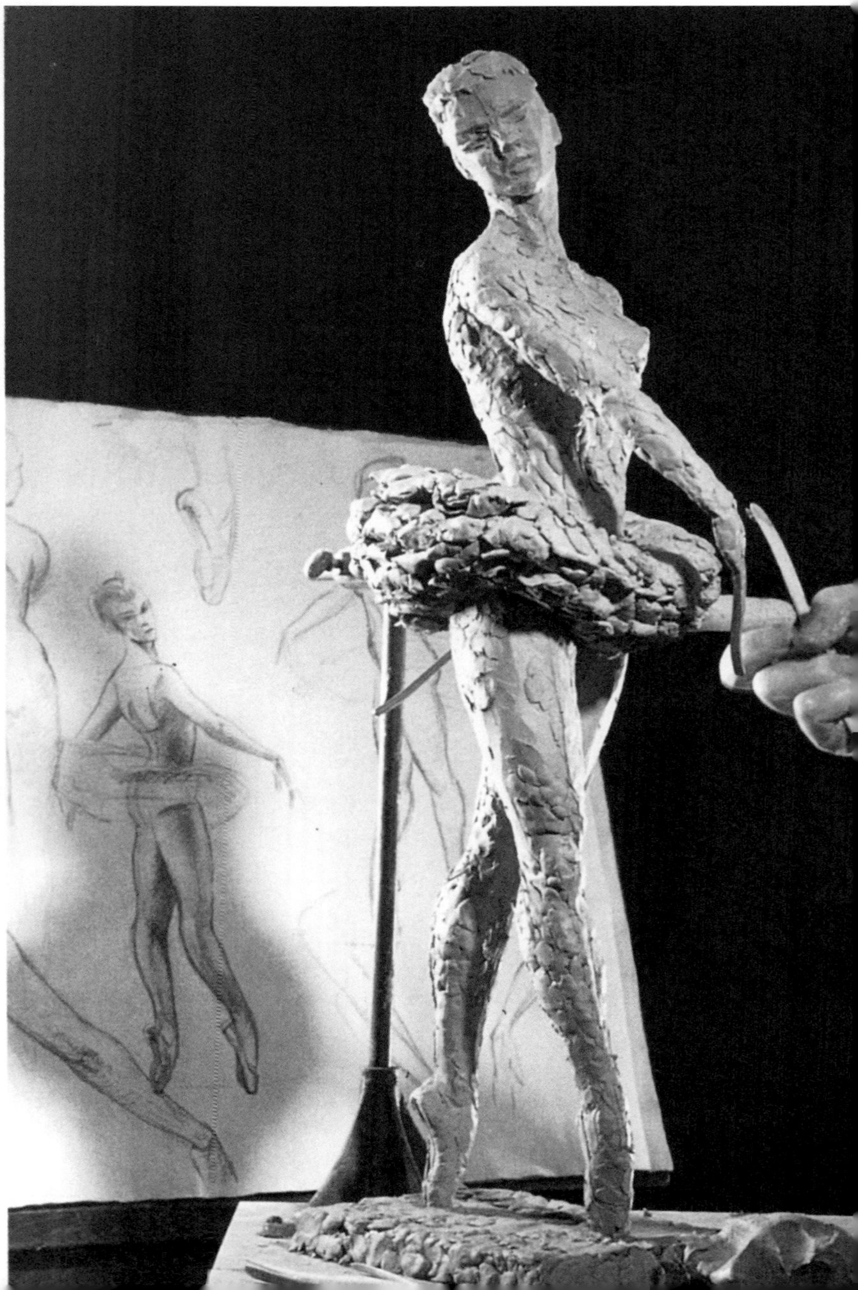

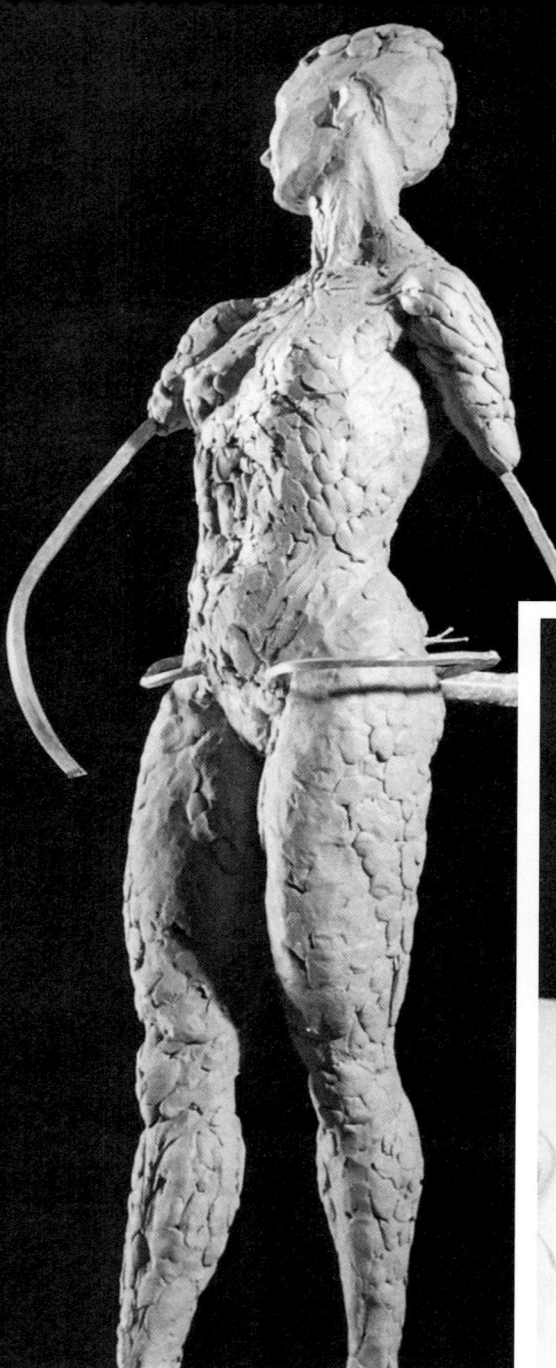

Schritte beim Modellieren

Hier sehen Sie die Tänzerin aus einem anderen Blickwinkel ebenfalls in drei Vollendungsstadien. Die Fotos machen deutlich, dass jeweils die komplette Figur auf einheitliches Niveau gebracht ist.

Zwar ließen sich immer noch weitere Verfeinerungen anbringen, doch irgendwann sollte man ein Ende finden. Sobald die Details ausgeführt sind und offensichtlich nichts mehr fehlt, können Sie zufrieden einen Schlusspunkt setzen. Wer darüber hinaus weitermacht, riskiert, dass das Werk seine Echtheit und Lebendigkeit wieder einbüßt.

Gießform und Abguss

Die Arbeitsschritte zum Erstellen der Form und das Abgießen wurden bereits für Kopf (Seiten 26-32) und Torso (Seiten 45-49) beschrieben. Die Messingstreifen bei der schwierigeren Figur der Tänzerin müssen allerdings besonders sorgfältig gesetzt werden. Jeder Künster entwickelt beim Einteilen seine eigenen Vorlieben. Mit wachsender Erfahrung bekommt man ein immer besseres Auge und entscheidet schnell, wo die Säume am besten liegen. Ein guter Tipp: Das größte Formteil sollte möglichst die ganze Rückenseite des Modells umfassen. Natürlich muss ein trennender Saum eingefügt werden, wo der Stützstab in den Ton dringt, falls er nicht abschraubbar ist.

Hier wird die Figur mit Messingbändern unterteilt (siehe Seite 26). Die Abgrenzung mit Tonstreifen (Seite 26) funktioniert ähnlich.

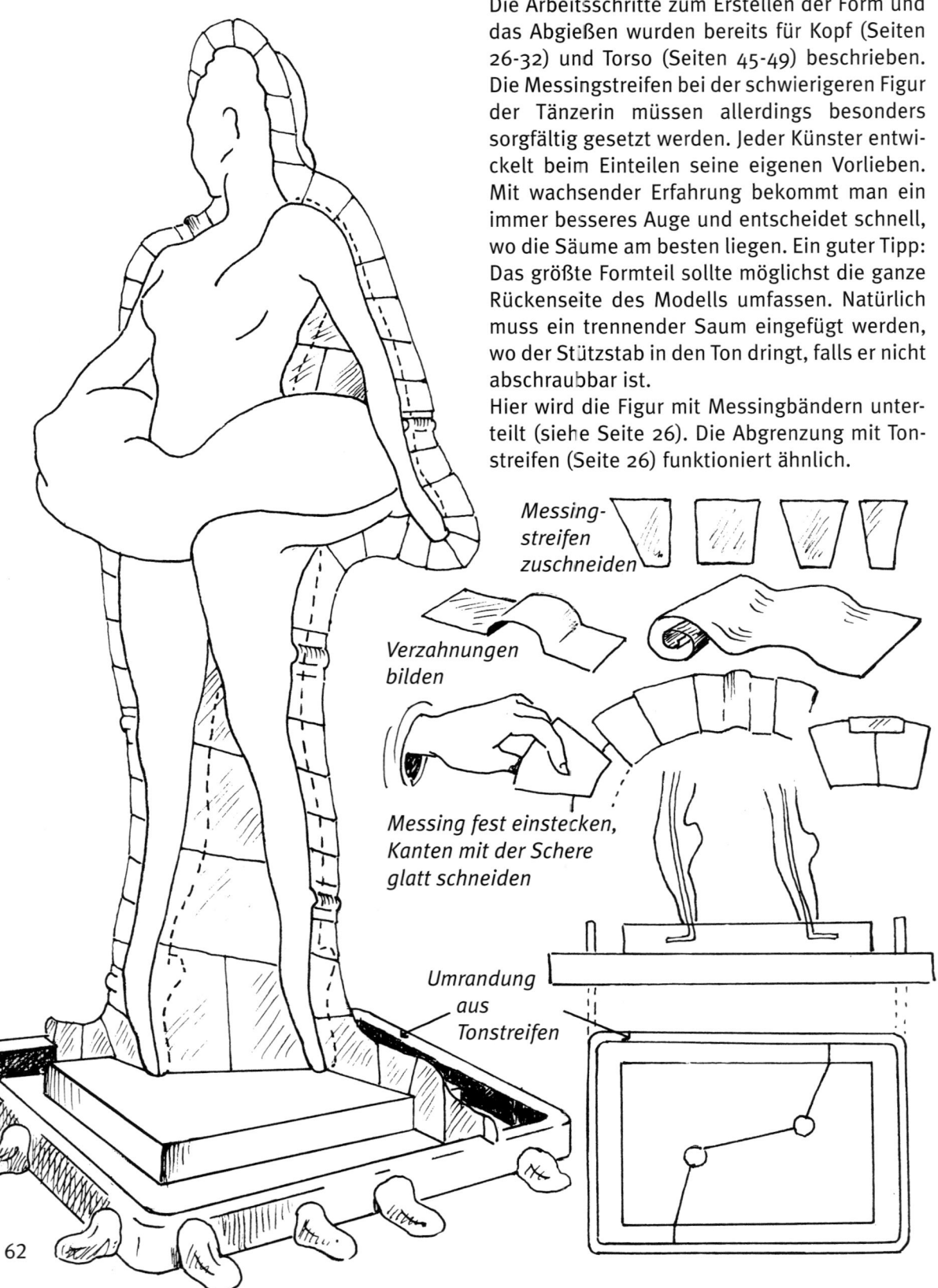

Messingstreifen zuschneiden

Verzahnungen bilden

Messing fest einstecken, Kanten mit der Schere glatt schneiden

Umrandung aus Tonstreifen

Erster Gipsüberzug

Wenn die Messingbänder richtig sitzen, wird die Grundplatte mit Tonschlicker überzogen und erhält einen Rahmen aus Tonsträngen (siehe Illustration). Die Eisenstütze wird ebenfalls mit etwas Ton geschützt. Mischen Sie nach Anweisung (Seite 24) leicht eingefärbten Gips an. Klatschen Sie ihn so auf die Figur, dass er in alle Vertiefungen dringt. Wenn nötig blasen Sie an Augen, Ohren und ähnlichen Stellen darauf. Die erste Gipsschicht sollte die Oberfläche dünn und gleichmäßig einhüllen. Gipsen Sie die Saumlinien zu beiden Seiten ein, ohne dabei die Messingstreifen zu verändern. Am Schluss lassen Sie den Gips trocknen und reinigen Hände und Schüsseln.

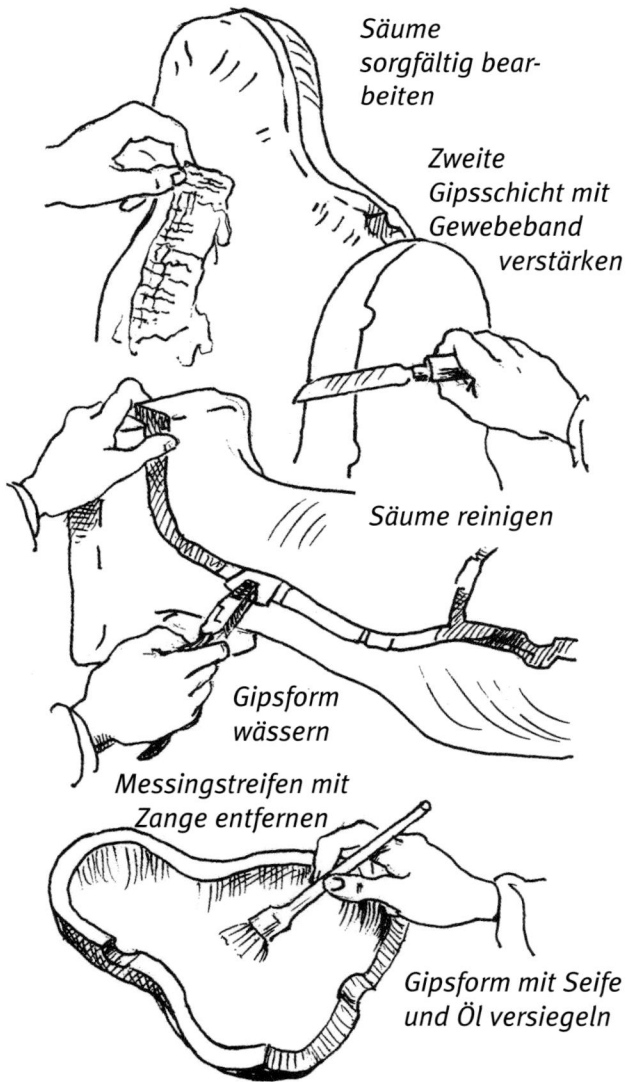

Säume sorgfältig bearbeiten

Zweite Gipsschicht mit Gewebeband verstärken

Säume reinigen

Gipsform wässern

Messingstreifen mit Zange entfernen

Gipsform mit Seife und Öl versiegeln

Zweite Gipsschicht

Pinseln Sie hier und da etwas Tonschlicker über die erste Gipsschicht – aber bitte nicht die gesamte Fläche überziehen! Mischen Sie Gips für die zweite Schicht und tragen Sie ihn auf. Dabei legen Sie zur Verstärkung schwächerer Partien an Hals und Basis passend zugeschnittenes, angefeuchtetes und in Gipsbrei getränktes Gewebeband mit ein. Die Säume bleiben dabei frei. Bauen Sie die Gipshülle so gleichmäßig wie möglich über der ganzen Figur auf und glätten Sie sie gut. Die Säume werden mit einem Messer gereinigt, bis rundum die Kanten der Messingstreifen zu sehen sind. Lassen Sie den Gips einige Stunden abbinden.

Wässern und Auseinandernehmen der Form

Die Form muss von der Grundplatte abgenommen werden. Da der Ton unter den Füßen nicht an der Platte klebt, reicht etwas Wasser aus, um sie abzulösen.

Schrauben Sie die Armatur von der Stütze bzw. – wie im Foto zu sehen – die Stütze von der waagrechten Stange. Die Gießform ist jetzt lose. Nur die waagrechte Stange ragt noch heraus. Das Ganze wird nun in Wasser getaucht. Beim Aufquellen des Tons öffnet sich die Form leicht. Ziehen Sie ein paar von den Messingstreifen vorsichtig mit der Zange heraus und heben Sie die Formteile sobald es geht einzeln vom Ton. Reinigen Sie sie mit einem weichen Pinsel von allen Tonresten. Lagern Sie die Form immer im Ganzen mit gut zusammengeschnürten Einzelteilen, damit sie sich nicht verzieht und unbrauchbar wird.

Versiegeln der Oberfläche

Die Innenflächen der Gipsform werden zum Imprägnieren mit einem guten weichen Pinsel mit etwas Schmierseife bestrichen. Nach Entfernen des Schaums wird der Vorgang wiederholt. Anschließend wischen Sie die Innenflächen gut aus und pinseln einen dünnen Überzug aus Olivenöl darüber - bitte auch an Kanten und Saumflächen (vergleiche Seite 30).

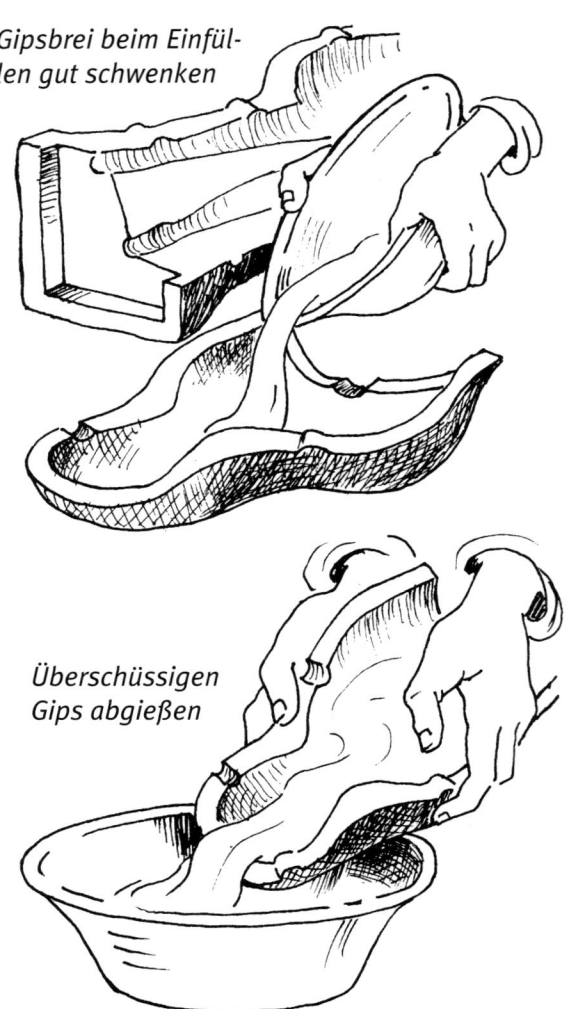

Gipsbrei beim Einfül-len gut schwenken

Überschüssigen Gips abgießen

Abguss

Erste Gipsschicht

Mischen Sie genügend Gips für eine dünne Schicht in einem der Formteile. Versuchen Sie nicht alle Teile gleichzeitig zu bearbeiten, denn Sie müssen jeweils sorgfältig auf die Dicke der Schicht achten und alle Kanten zügig säubern, bevor der Gips hart wird. Der Brei sollte recht kräftig sein.

Schwenken Sie den Gips in der Form, damit er sich gleichmäßig auch an den senkrechten Flächen verteilt. Der Überschuss wird abgekippt. Reinigen Sie vor Abbinden des Gipses einzeln alle Kanten. Gipsreste an den Säumen führen dazu, dass die Teile nicht perfekt schließen.

Verstärkung

Biegen Sie dünnes, aber festes Metall so zurecht, dass es in die Form passt. Falls Sie Eisen verwenden, muss es behandelt sein, damit es nicht rostet ist. Die Metallstreifen werden so lang gewählt, dass sie an beiden Füßen über die Zehenspitzen hinaus in die Basis reichen, denn die Figur ist an dieser Stelle sehr fragil. Befestigen Sie dieses Hilfsgerüst gut eingepasst mit Gipsklecksen in der Form. Es darf nicht in die Saumstellen ragen, damit die Form gut schließt.

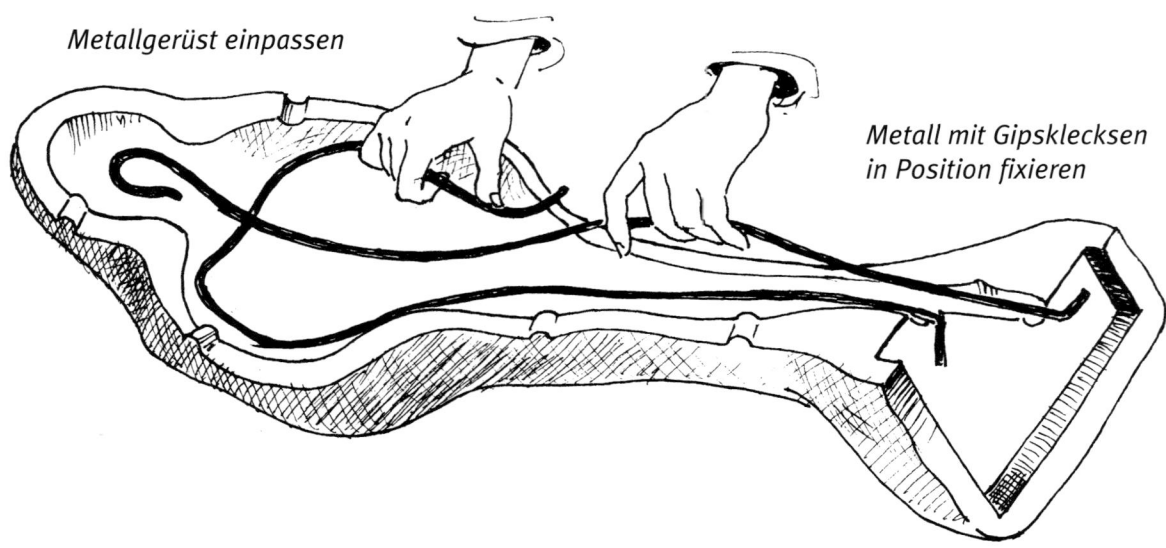

Metallgerüst einpassen

Metall mit Gipsklecksen in Position fixieren

Zusammenbau der Formteile und Abguss

Überziehen Sie die Formteile innen mit einer zweiten Gipsschicht und zusätzlich, solange diese noch feucht ist, mit flach aufgelegten, in Gipsbrei getauchten Gewebebändern. Kleinere Stücke liegen besser. Sie können sich überlappen. Die Bänder reichen bis nahe an die Kanten, ohne in die Säume zu geraten.

Wenn der Gips trocken genug ist, legen Sie das Kopfteil auf das Rückenteil und befestigen es gut mit verdrilltem Draht oder Schnur. Kleben Sie ein paar gipsgetränkte Bänder außen über die Säume, damit die Teile sich nicht verschieben.

Stellen Sie die Form hochkant und schwenken Sie den Gips rundum ein, so dass er auch die Säume füllt. Eventuell verstärken Sie diese auch innen zusätzlich mit etwas Gewebeband. Reinigen Sie die Kanten gut und bauen Sie das nächste Formteil an.

Gießen der Basis

Fixieren Sie das dritte Formteil ebenfalls, wieder mit etwas Gewebeband über den Säumen. Biegen Sie ein hartes Metallstück zur Verstärkung der Basis zurecht und legen Sie es hinein. Lassen Sie in der Mitte der Basis ein Loch, an dem sie später auf den Sockel montiert wird. Stellen Sie die gesamte Gipsform auf den Kopf (am besten von jemandem halten lassen). Mischen Sie etwas dickeren Gipsbrei. Er muss schnell verarbeitet werden, bevor er abbindet. Er wird sanft in der Form geschwenkt, um auch in die Säume zu dringen. Zum Schluss füllen Sie die Basis mit dem Metallring.

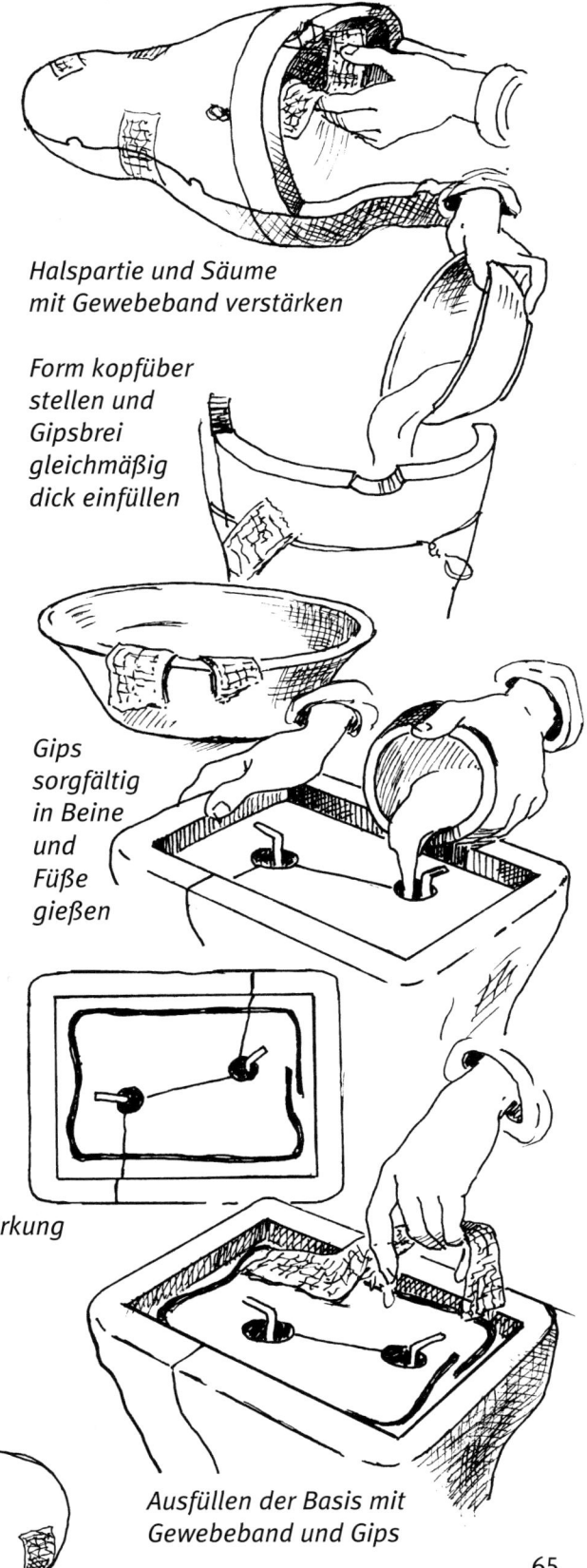

Halspartie und Säume mit Gewebeband verstärken

Form kopfüber stellen und Gipsbrei gleichmäßig dick einfüllen

Gips sorgfältig in Beine und Füße gießen

Metallverstärkung in der Basis

Ausfüllen der Basis mit Gewebeband und Gips

Entfernen der Gipshülle

Wenn Gießform und Abguss getrocknet sind, legen Sie die Form auf einen Sack oder ein altes Kissen. Mit Holzhammer und stumpfem Meißel schlagen Sie die Hülle vorsichtig ab. Sobald Sie auf die unterste gefärbte Schicht stoßen, arbeiten Sie besonders sorgsam. Entfernen Sie auch diese Schicht sowie sämtliche Gipsreste aus den Vertiefungen. Beschädigte Stellen werden gut angefeuchtet und mit dünnem Gipsbrei ausgebessert. Die gehärteten Wände der Form absorbieren die Feuchtigkeit schnell.

Montage

Die Basisplatte, auf der die Tänzerin steht, wird durch einen etwas größeren hölzernen Sockel geschützt. Gleichzeitig verbessert dieser die Gesamtwirkung. Die Basisplatte in unserem Beispiel hat eine Vertiefung. Zum Befestigen werden drei Nägel in den Sockel geschlagen, mit Gips und Gewebeband umhüllt und in diese Vertiefung eingepasst.

Bronzieren

Anschließend sollte die Figur patiniert werden, denn der weiße Gips reflektiert so stark, dass Details nicht sichtbar sind. Eine Anleitung dazu finden Sie auf Seite 34.

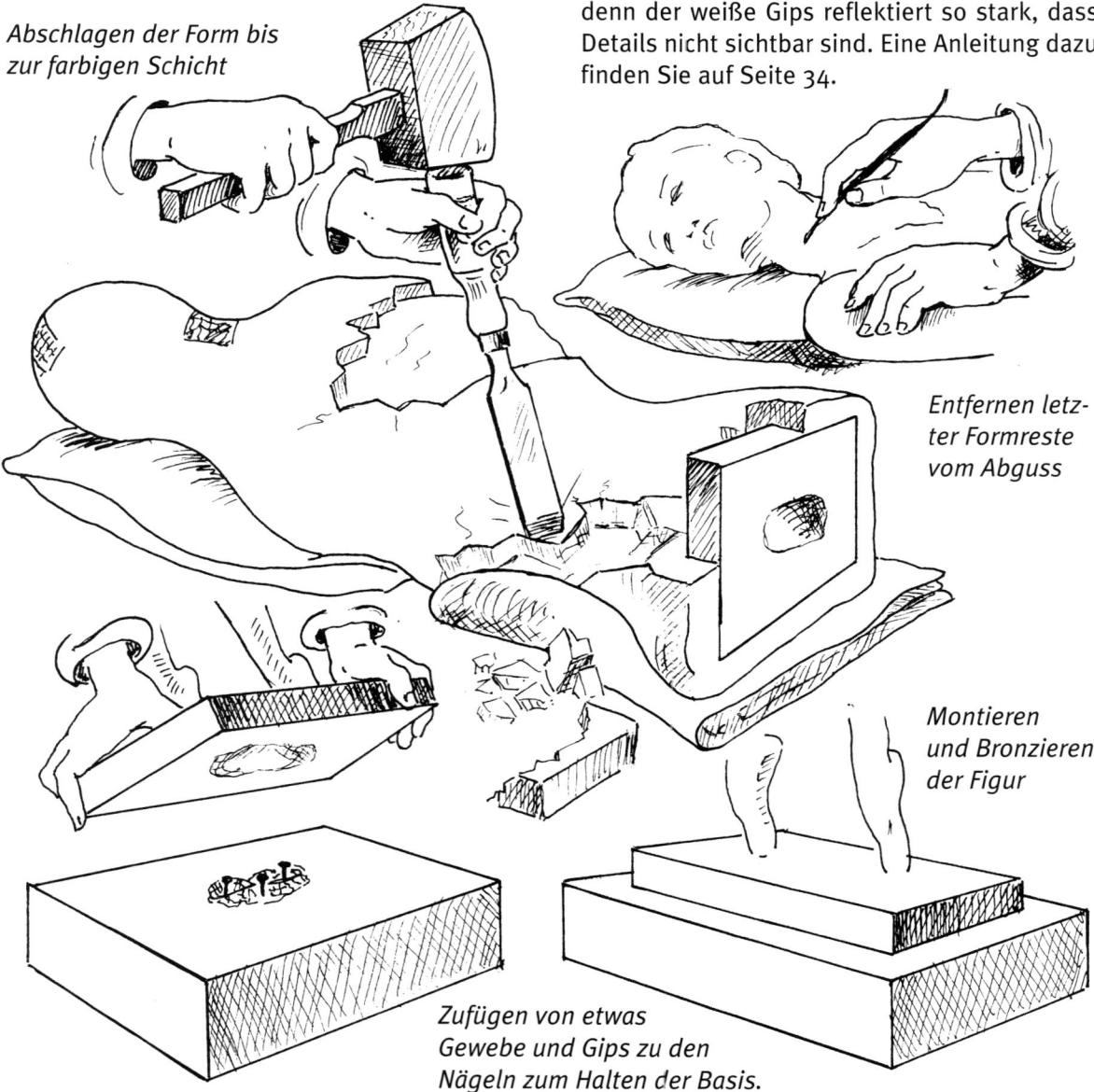

Abschlagen der Form bis zur farbigen Schicht

Entfernen letzter Formreste vom Abguss

Montieren und Bronzieren der Figur

Zufügen von etwas Gewebe und Gips zu den Nägeln zum Halten der Basis.

Terrakottafiguren

Modellieren in Terrakotta

Viele bildende Künstler arbeiten gern mit Terrakotta, denn der Ton hat eine sympathische, natürliche Farbe, die beim Anmischen der Masse und Brand relativ genau bestimmt werden kann. Das nicht ganz auszuschließende Risiko von Beschädigungen beim Brand wird ausgeglichen durch den Vorteil, dass man ohne zusätzlichen Abguss direkt Originale kreiert.

Unter Terrakotta versteht man Tonmassen, die Eisenoxid enthalten. Dieses ergibt die rötlichen Farbtöne. Geeigneter Ton ist im Spezialhandel für Bildhauer- oder Künstlerbedarf und auch bei manchen Töpfereien erhältlich, die oft auf Wunsch auch das Brennen übernehmen. Nur wer seine Massen selber anmischt, erzielt exakt die weicheren oder kräftigeren Farbtöne, die bestimmte Arbeiten erfordern. Rezepte finden Sie auf Seite 69.

Material und Ausrüstung

Die erforderlichen Werkzeuge zum Modellieren mit Terrakotta sind schon bei den Tonarbeiten (siehe Seite 9) beschrieben. Zusätzlich brauchen Sie:

Terrakottaton

Holz- oder Eisenschaft mit Eisenwinkeln zum Festschrauben

Schlingen zum Aushöhlen

Ziegelerde, Sand und Feuerton

Fachbegriffe

Terrakotta	Ton mit Eisenoxid
schamottierter Ton	Ton, der mit gemahlenen Körnchen von gebranntem Ton versetzt ist
lederhart	Ton, der soweit getrocknet ist, dass er fest in Form bleibt
Grünware	ungebrannter Ton
Schlicker	mit Wasser zu einem flüssig-cremigen Brei verrührter Ton
Trocknen	Ton wird langsam getrocknet und zum Schluss vor dem Brennen in der Nähe des Brennofens komplett ausgetrocknet.
Bisquit/Schrühware	gebrannte Ware – je höher die Brenntemperatur, desto dunkler die Farbe

Anmischen von Terrakottamassen

(Rezepte auf der nächsten Seite)
Mischen Sie Tonmehl von Ball clay (plastischer Steingutton) mit 10-15 % rotem Eisenoxid. Beides sieben, um eine gleichmäßige Farbe zu erhalten. Mit Wasser verrühren. Vermengen Sie den Ton probehalber mit Ziegelerde und führen Sie Buch über die Mengenverhältnisse.

Geben Sie immer Feuerton bei – entweder vor oder während des Modellierens. Dadurch wird bei fein gemahlenen Massen, die nicht rundum gleichmäßig dick modelliert sind, das Platzen verhindert. Gleichzeitig ergibt dies einen angenehm harmonischen Farbton. Falls keine Ziegelerde beschaffbar ist, hat Sand, der nach und nach in die feine Masse eingearbeitet wird, denselben Effekt.

Lagern Sie Ton in einer Tonne (nicht aus Eisen) oder dicken Plastiksäcken. Tonmehl darf nicht mit Feuchtigkeit und Staub in Berührung kommen. Komplett ausgetrockneter Ton kann wieder aufbereitet werden, indem man ihn mit dem Hammer zu Pulver klopft und erneut mit Wasser anmacht.

Terrakotta-Rezepte

Rote Terrakottamasse, etwa 1015 °C

ledergelber Ton	20
roter Ton	35
Schamotte 0–0,5 mm	30
Quarzsand	15

Rote Terrakottamasse mit Talkum, etwa 1015 °C max.

ledergelber Ton	20
roter Ton	20
Talkum	30
Schamotte 0–0,5 mm	30

Graue Terrakottamasse, etwa 1015 °C

ledergelber Ton	34
Talkum	30
Schamotte 0–0,5 mm	30
Eisenchromat	6

Gelborange Terrakottamasse, etwa 1060 °C

Kaolin	25
Talkum	25
Nephelin-Syenit	12
Ball clay (plastischer Steingutton)	10
roter Ton (Kreutzton)	15
plastischer Feuerton	13
Schamotte 0–0,5 mm	10

Ziegelrote Terrakottamasse, etwa 1060 °C

roter Steinzeugton	60
plastischer Feuerton, mager	10
Kreutzton, rot	10
Quarz	5
Talkum	5
Ball clay	10
Schamotte 0–0,5 mm	10

Ziegelrote Terrakottamasse, etwa 1060 °C

Ball clay	20
roter Ton	25
Schamotte 0–0,5 mm	30
Quarzsand	15
roter Kreutzton	10

Brennöfen

Es gibt zahlreiche Ofenmodelle, die sich zum Selber brennen von Terrakotta eignen - seien es einfache Elektroöfen, Gas-, Öl- oder sogar holzgefeuerte Modelle. Sie sind als Top- oder Frontlader erhältlich. Genauso groß ist das Spektrum beim Fassungsvermögen mit Maßen von etwa 70 x 70 cm bis riesengroß. Entsprechend variieren auch die Preise.

Bei der Auswahl des Ofens muss neben den Kosten auch der Platzbedarf beim Aufstellen samt benötigtem Brennmaterial, die Art des Brennstoffes und die Kapazität bedacht werden. Elektrische und gasgefeuerte Modelle sind wohl am einfachsten und saubersten. Doch jeder muss selber für sich entscheiden. Der Fachhandel bietet eine breite Auswahl. Am besten lassen Sie sich mit Ihren Vorstellungen ausführlich und fachkundig beraten. Es ist auch möglich, selber einen einfachen Ofen zu bauen.

Anmerkung

Wenn Sie in der örtlichen Töpferei brennen lassen möchten, kaufen Sie Ihren Ton am besten direkt ebenfalls dort. Der Töpfer weiß am besten, welche Massen sich für seinen Ofen eignen.

Bitte beachten

Verwenden Sie beim Modellieren von Tonteilen, die gebrannt werden, im Inneren weder Armierungen noch sonstigen Draht. Im Ton steckende Metallteile würden die Figur beim Brennen zum Platzen bringen. Ist für große Arbeiten eine Stütze nötig, muss die fertige Figur auseinander geschnitten und ausgehöhlt werden. Alle Drähte und Stützteile werden dabei wieder entnommen.

Kinderkopf in Terrakotta

Wie beim auf den Seiten 14-17 beschriebenen Kinderporträt muss der Künstler zunächst dafür sorgen, dass sich sein kleines Modell ganz locker und natürlich fühlt. Unterdessen wird das Kind skizziert. Die Bilder lassen die charakteristischsten Posen erkennen. Achten Sie vor allem darauf, wie das Kind den Kopf hält. Die meisten Menschen neigen ihn leicht zu einer Seite, manchmal mit aufragendem Kinn, manchmal gesenkt. Dies hilft später sehr beim Modellieren. Notieren Sie sich alle Proportionen auf den Zeichnungen (siehe Seite 15).

Papierkern und Halterung

Der Charme des kleinen Mädchens liegt so sehr in der Ausgewogenheit zwischen ihrem schlanken Hals und den Schultern, dass die Schulterpartie ins Porträt integriert werden sollte. Bei Terrakottaarbeiten ist dies bei geeigneten Modellen sehr zu empfehlen.

Machen Sie die Grundplatte so groß, dass sie die Schultern ganz trägt. An die Unterseite kommen zwei Leisten zum Anheben. Der Schaft (ein Stück Holzleiste) wird mit vier Eisenwinkeln fest angeschraubt, wie auf der Zeichnung zu sehen. Platten mit einem, von durchlaufenden Bolzen aufrecht gehaltenen Schaft, sind im Fachhandel erhältlich.

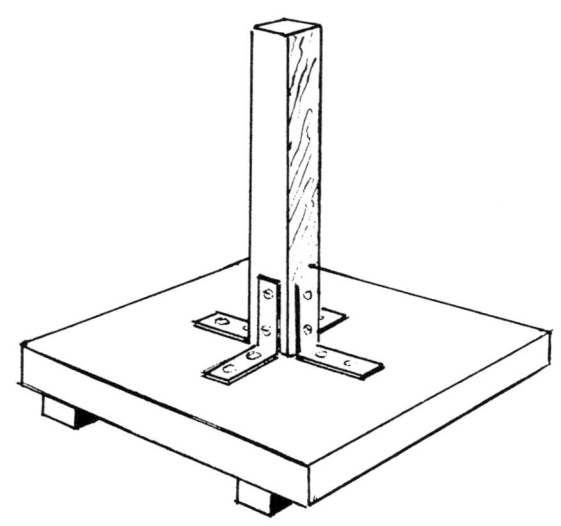

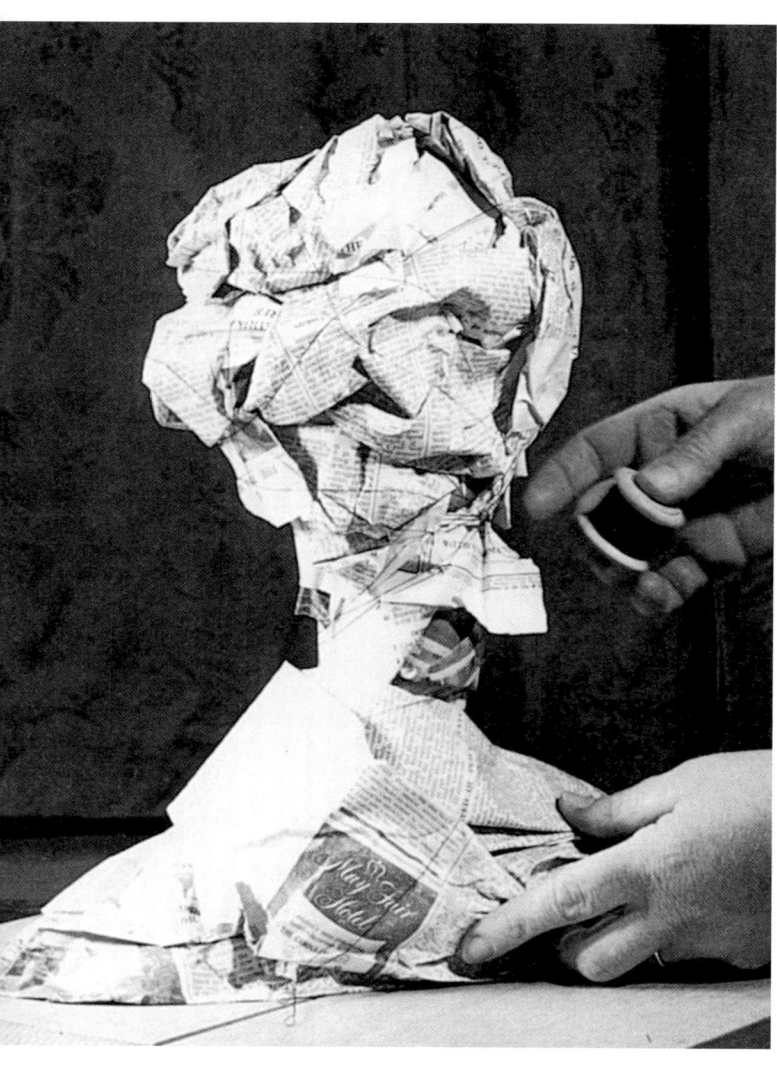

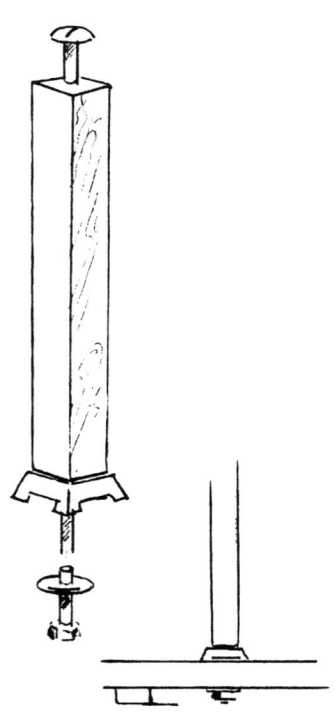

Papierhülle

Wickeln Sie Papier um den Schaft zur ungefähren Kopfform und befestigen Sie ihn mit Baumwollfaden. Der Hals bleibt möglichst dünn.

Erster Schritt – Ton

Bauen Sie von unten nach oben aus geschmeidigem Ton die Kopfform auf. Drücken Sie die Masse mit dem Daumen gut an. Alle Partien müssen beim Arbeiten dieselbe Konsistenz haben.

Verdichten

Drücken Sie den Ton mit Modellierhölzern möglichst gleichmäßig fest.

Modellierhölzer

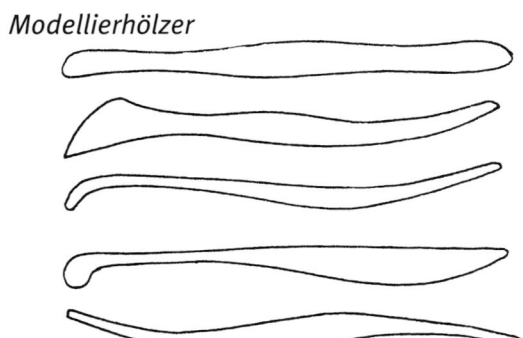

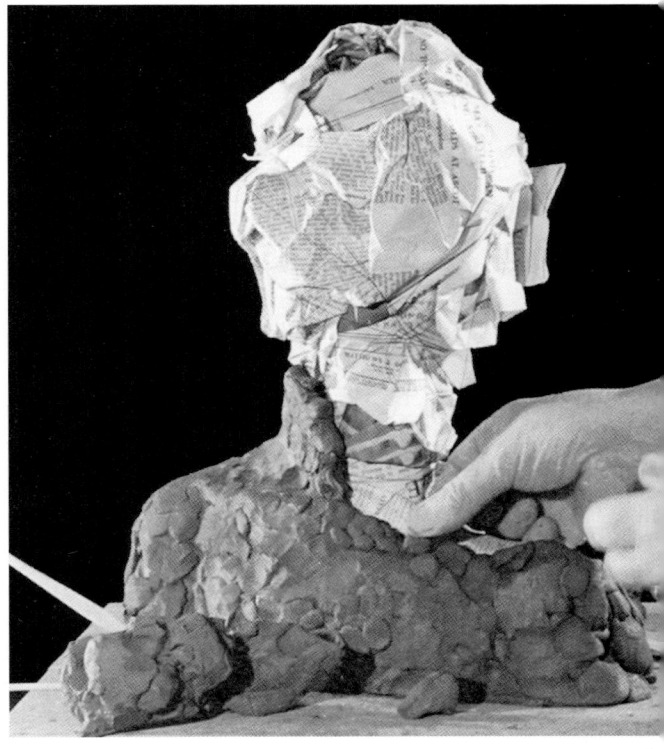

Zweiter Schritt

Mit Hilfe der Skizzen und des lebenden Modells führen Sie den gesamten Kopf in Ton aus. Speziell achten Sie dabei auf die wichtigsten Maße, die Sie vorher mit dem Zirkel abgenommen haben. Legen Sie die Position der Nasenwurzel fest und messen Sie von diesem Punkt aus alle anderen Proportionen. Die Markierung weiterer wichtiger Punkte mit in den Ton gesteckten Streichhölzern ist manchmal sehr hilfreich.

Bringen Sie Kopf und Schultern rundum auf einheitliches Niveau in der Ausführung. Kümmern Sie sich beim Ausarbeiten der Grundform noch nicht um Details. Bereits in diesem Stadium angebrachte Feinheiten wirken am Schluss oft kleiner oder weniger ausdrucksvoll als beabsichtigt.

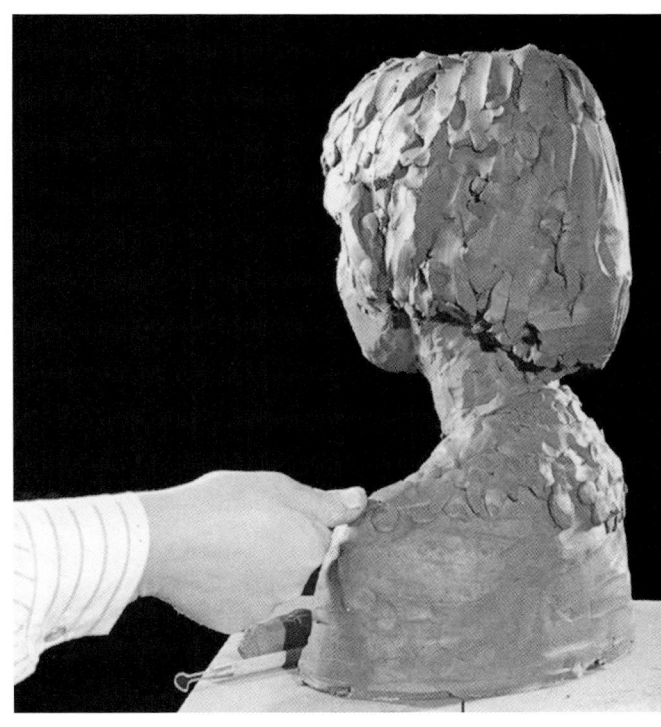

Modellieren in festgelegten Schritten

Wenn Sie mit dem Kopf zufrieden sind, Volumen und Maße überprüft und gegengecheckt haben, können Sie mit den Feinheiten beginnen. Rollen Sie den Ton zwischen Daumen und Fingern und tragen Sie bei jedem Durchgang gleich große Kügelchen auf. Drehen Sie das Werk dabei ständig. Durch diese Methode wirkt jedes Stadium wie aus einem Guss.

Zustand des Tons

Es ist sehr wichtig, den Ton zwischen den Sitzungen schön plastisch zu halten. Besprühen Sie ihn mit etwas Wasser – nicht zu viel, damit er nicht matschig wird. Stecken Sie zum Schutz einen Draht vors Gesicht, bevor Sie eine Plastiktüte überstülpen. Wenn der untere Rand gut versiegelt wird, hält der Ton sich eine Woche oder länger ausgezeichnet frisch.

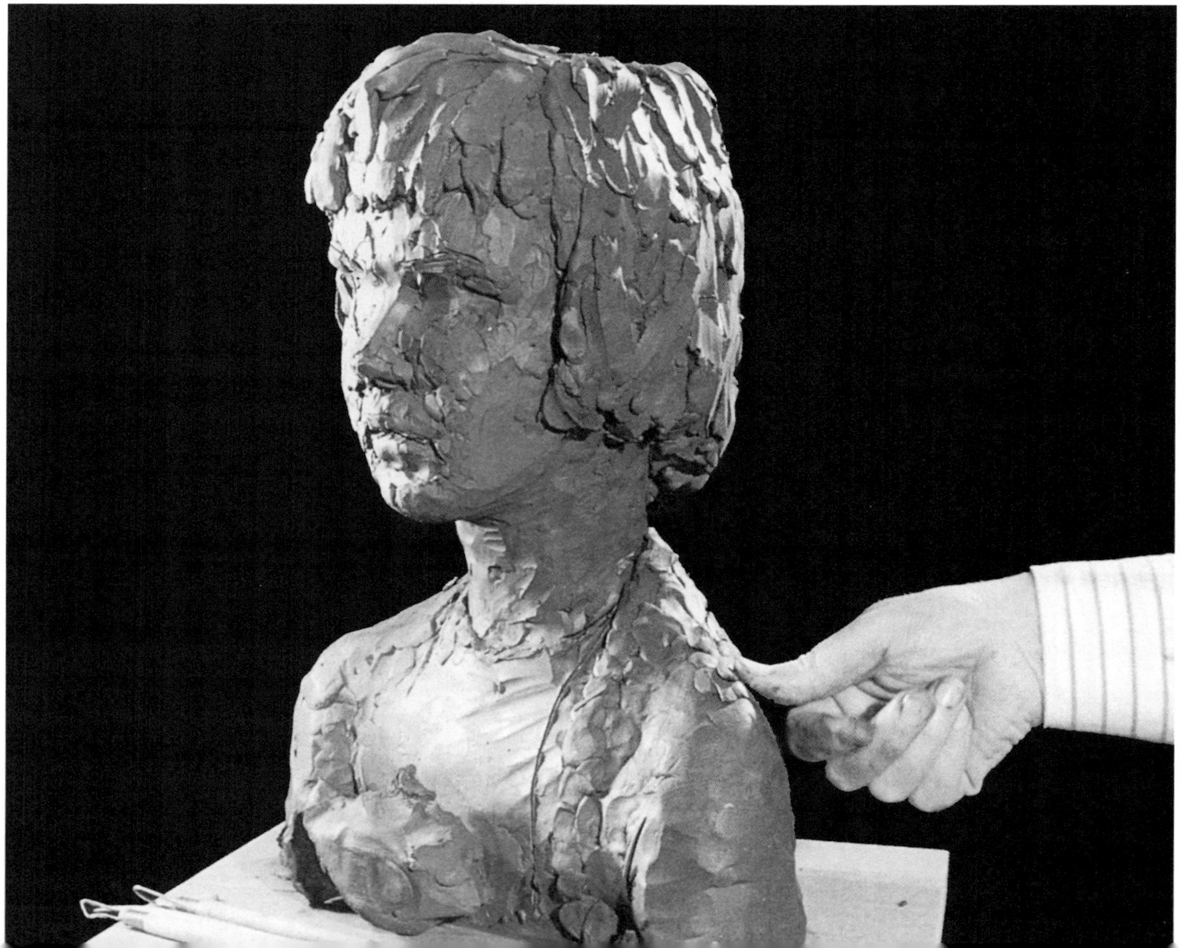

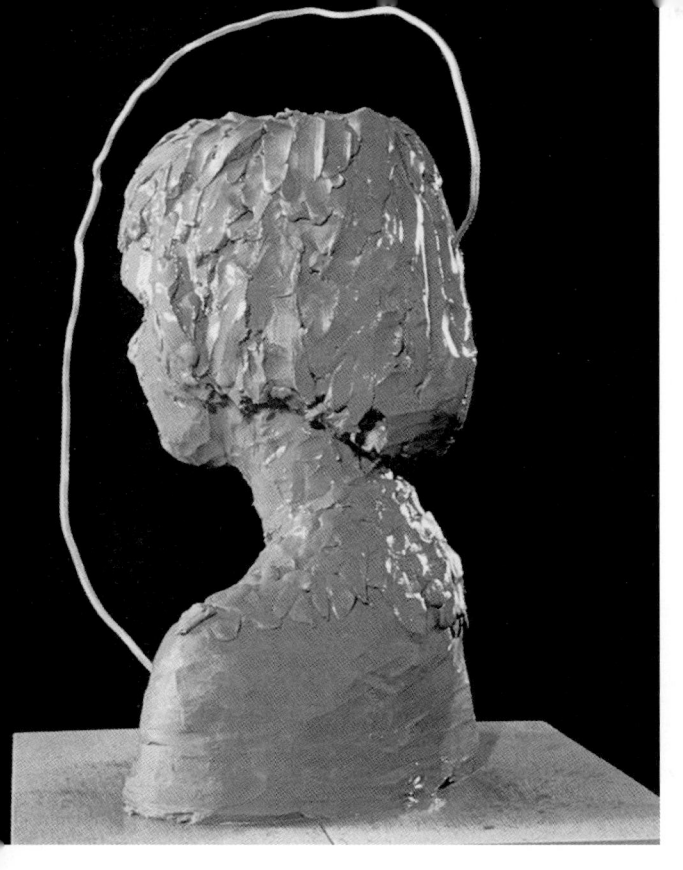

Letzte Schritte

Hier sehen Sie das Porträt in zwei Größen jeweils von links und von rechts. Die größeren Bilder zeigen deutlich, wie die zunächst groben Umrisse weiter ausgestaltet wurden. Der Kopf wirkt dadurch schon viel lebensechter. Machen Sie sich bitte nicht gleich an die letzten Verfeinerungen, bevor Sie mit der Grobform völlig zufrieden sind.

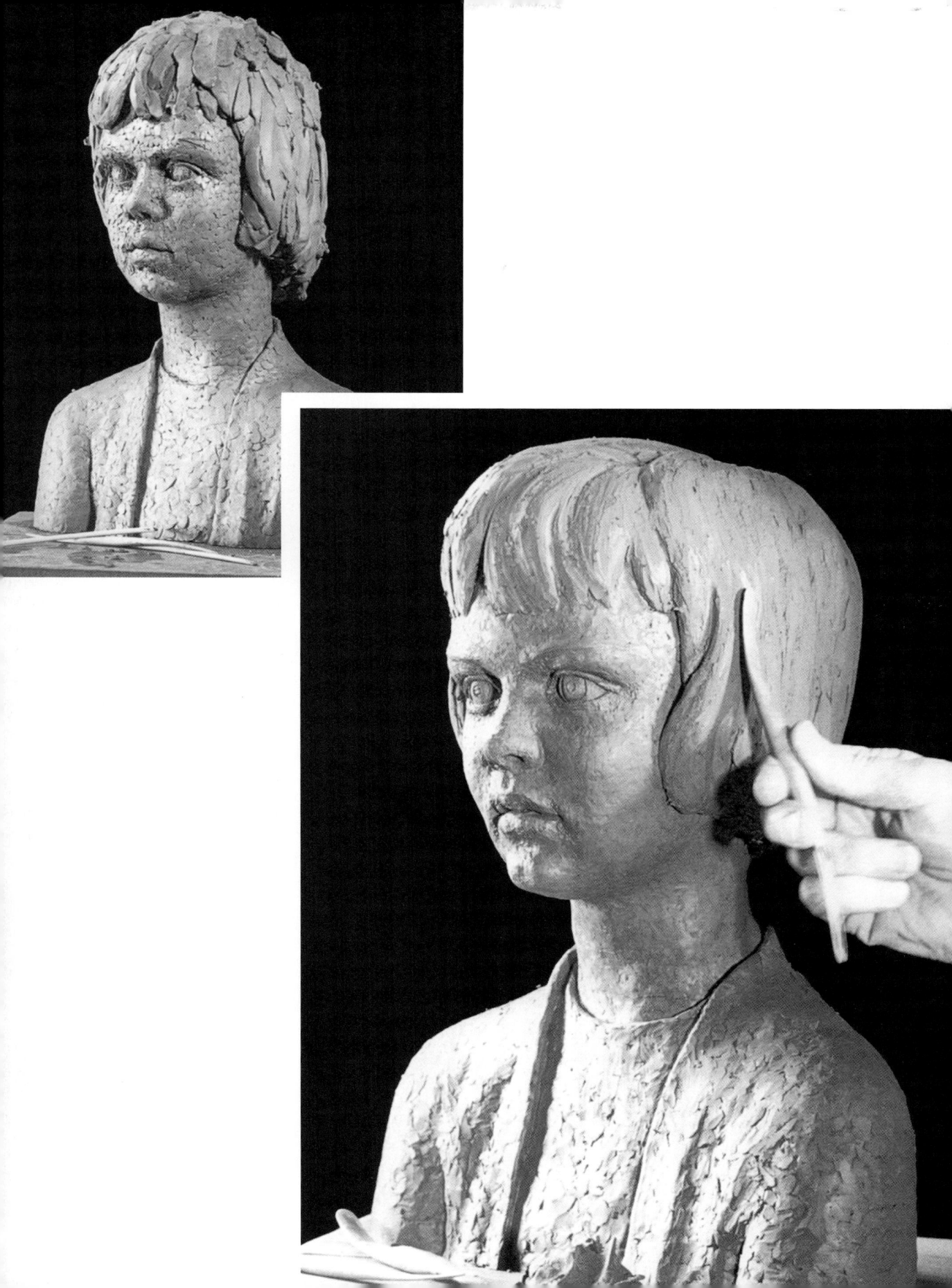

Details

Die Züge des fertigen Porträts dokumentieren, wie die Form gesucht wurde und sich langsam entwickelte. Die reichen, vollen, lebendig wirkenden Augen erwecken das Gesicht zum Leben und sind auf die angespannten Nasenflügel abgestimmt. Die sensible und entspannte Mundhaltung wirkt besonders reizend. Insgesamt strahlt das Porträt des jungen Mädchens Offenheit, Charme und völlige Gelöstheit aus.

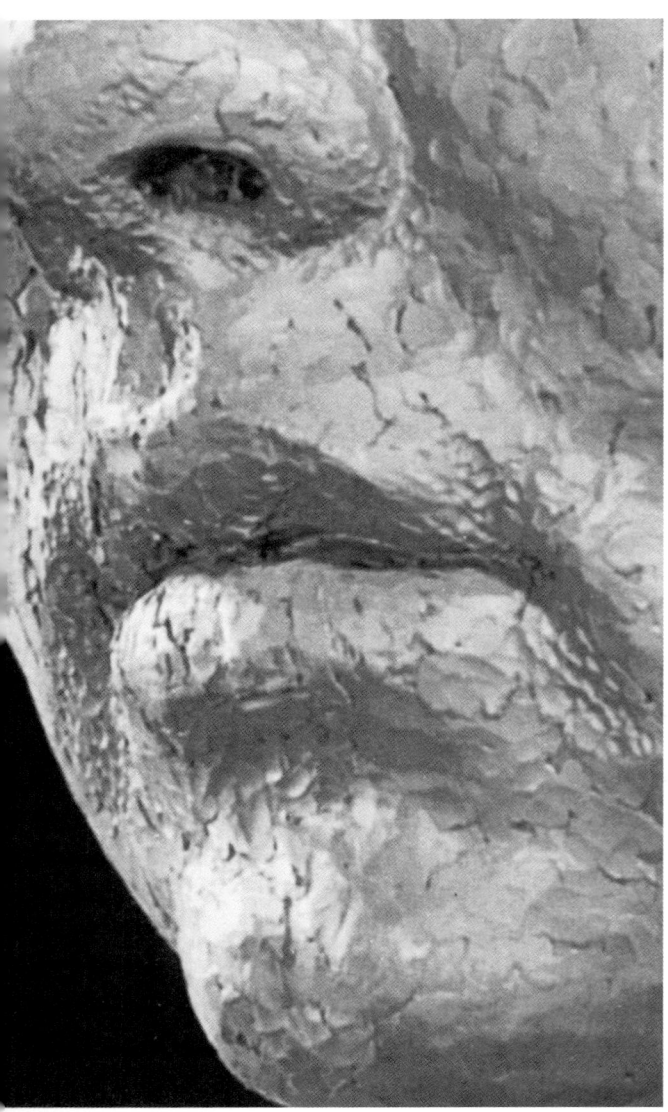

Rückblick

Die drei Fotos erlauben einen Blick zurück auf die Zwischenstufen beim Modellieren des Porträts. Sie sehen nochmals, dass im ersten Stadium die Tonmasse fast ausschließlich mit den Fingern auf die Halterung im Inneren gedrückt wurde. Im nächsten Durchgang wurden die Tonkügelchen mit dem Daumen oder einem Buchsbaum-Modellierholz (nicht zu klein und gut geschwungen) aufgepresst. In den darauf folgenden Sitzungen wurden die groben Umrisse detaillierter mit kleineren Tonkügelchen und – wo nötig – mit kleineren Werkzeugen aufgebracht und bearbeitet.

Brennvorbereitungen

Lassen Sie das fertige Porträt lederhart an-trocknen. Dies sollte langsam geschehen, da-mit der Ton gleichmäßig schrumpft. Wenn er lederhart ist, heben Sie den Kopf vorsichtig von Grundplatte und Schaft.

Im Beispiel ist der Kopf durch den Papierkern nur so dick, dass er sich bereits zum Brennen eignet, und könnte nach dem vollständigen Trocknen direkt in den Ofen kommen. Massiv geformte Köpfe und Modelle, von denen Sie nicht wissen, ob sie irgendwo zu dick zum Bren-nen geraten sind, müssen ausgehöhlt werden. Dazu wird eine Kappe abgeschnitten.

Schnitt

Wickeln Sie die Enden eines dünnen Drahtstü-ckes um zwei Dübel, die die Griffe bilden. Legen Sie den Draht wie im Foto um den Hinterkopf, kreuzen Sie die Drahtenden und ziehen Sie die Hände auseinander. So erhalten Sie einen glat-ten Schnitt.

Abheben der Kappe

Heben Sie die Kappe vom Kopf und entfernen Sie wo nötig Baumwollband und Papier. Legen Sie sie mit der Höhlung nach oben auf weichen Stoff oder ein mit Plastikfolie abgedecktes Kis-sen. Mit einer Modellier- oder Bildhauerschlin-ge verdünnen Sie die Wände auf 1,5 bis 2 cm Stärke. Dabei darf die Form der Kappe nicht ver-ändert werden. Hüllen Sie sie in Plastikfolie, damit sie nicht austrocknet, während Sie das andere Kopfteil bearbeiten.

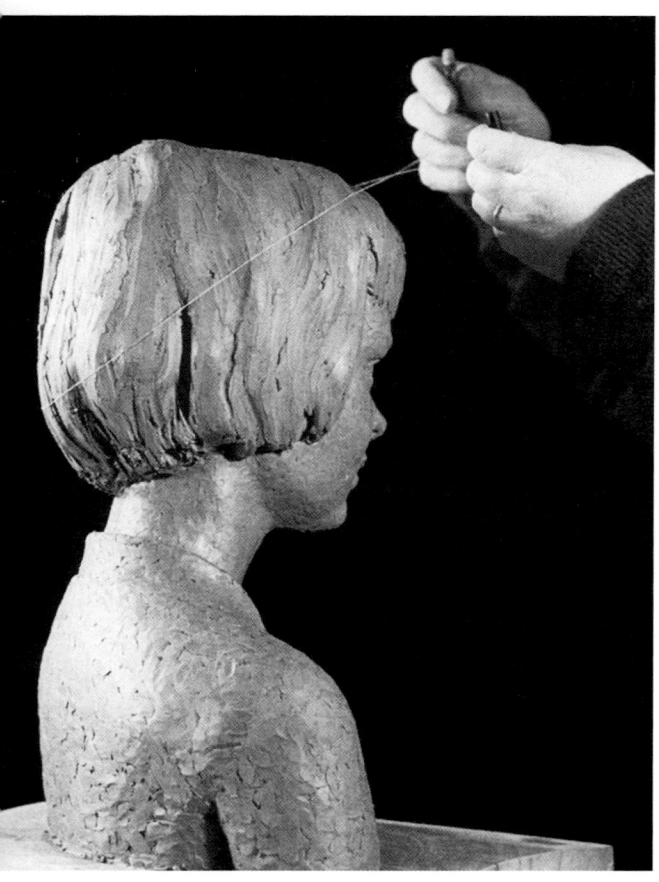

Aushöhlen zu
gleichmäßiger Wandstärke

Abnehmen von der Grundplatte

Schneiden Sie bei der größeren Formhälfte Papier und Baumwollfaden nahe am Schaft ab. Schaben Sie bis in den Halsbereich. Höhlen Sie ihn soweit Sie kommen aus.

Mittlerweile ist der lederharte Ton vielleicht so stark geschrumpft, dass der Kopf sich abnehmen lässt. Notfalls befeuchten Sie die Grundplatte an der Basis etwas und schieben ein Messer darunter, bis sich der Ton löst.

Heben Sie das Ganze an den Schultern von Schaft und Grundplatte. Legen Sie es vorsichtig auf ein mit Plastikfolie geschütztes Kissen. Unterstützen Sie dabei den dünnen Hals. Auch diese Kopfhälfte höhlen Sie mit der Schlinge so weit aus, dass die Wände 1,5 bis 2 cm stark sind. Erscheint eine Stelle zu dünn, tragen Sie Schlicker auf und verstärken sie von innen mit etwas zusätzlichem Ton, den Sie sanft aufpressen.

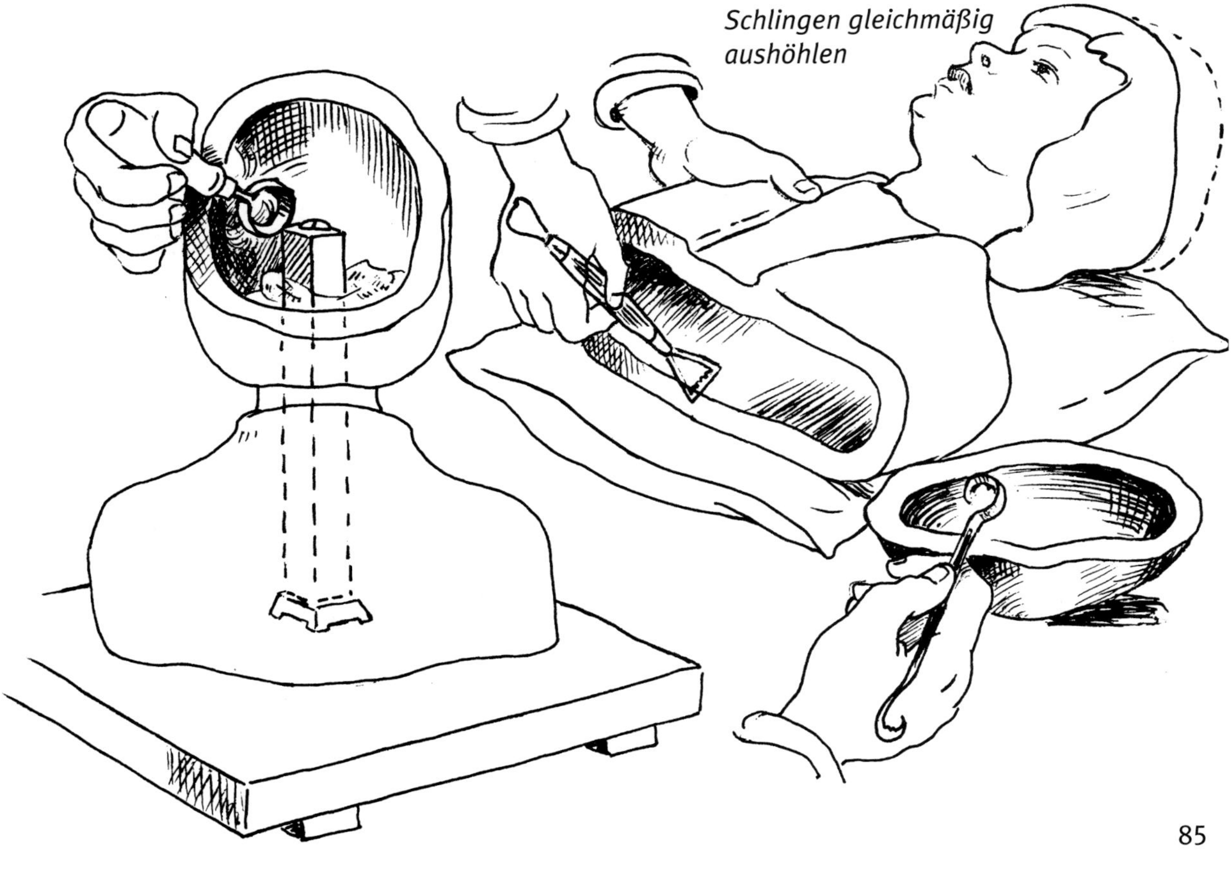

Wände von innen mit Schlingen gleichmäßig aushöhlen

Aufsetzen der Kappe

Vor dem Auflegen der Kappe werden an beiden Teilen die Ränder aufgeraut und beide Saumflächen mit Schlicker bestrichen. Legen Sie die Kappe sorgfältig auf und drücken Sie beide Teile sanft, aber fest zusammen. Säubern Sie die Säume mit einem Modellierholz und kaschieren Sie die Naht, bis sie nicht mehr zu sehen ist.

Wenn Sie den Ton beim Modellieren sorgfältig verdichtet und ohne Lufteinschlüsse gearbeitet haben und die Wände überall etwa gleich stark sind, dürften beim Brand keine Schäden auftreten. Als zusätzliche Maßnahme können Sie die Tonwand an unauffälligen Stellen wie Ohren, Halsausschnitt, Haarsträhnen, Nasenlöchern und Mundwinkeln mit einer Nadel durchstechen. So zirkuliert die Luft beim Brennen besser. Vor dem Brand muss die Figur komplett durchtrocknen.

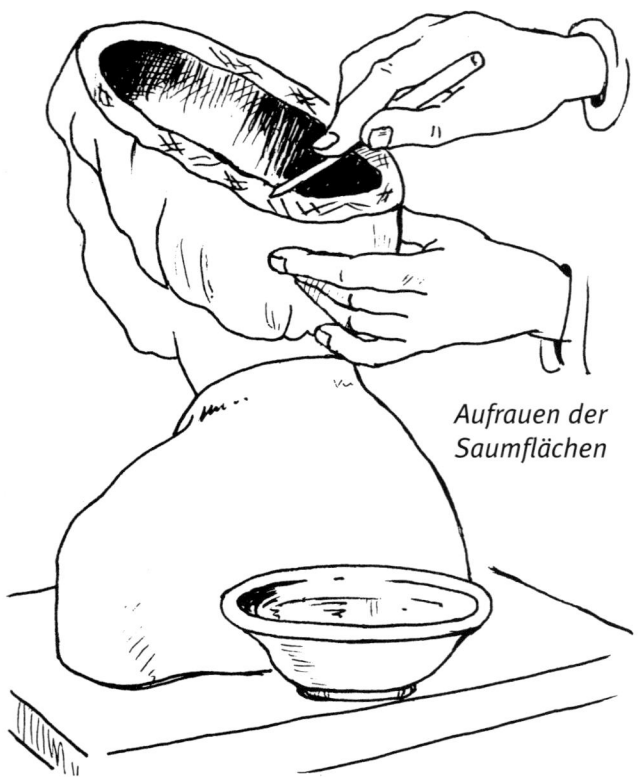

Aufrauen der Saumflächen

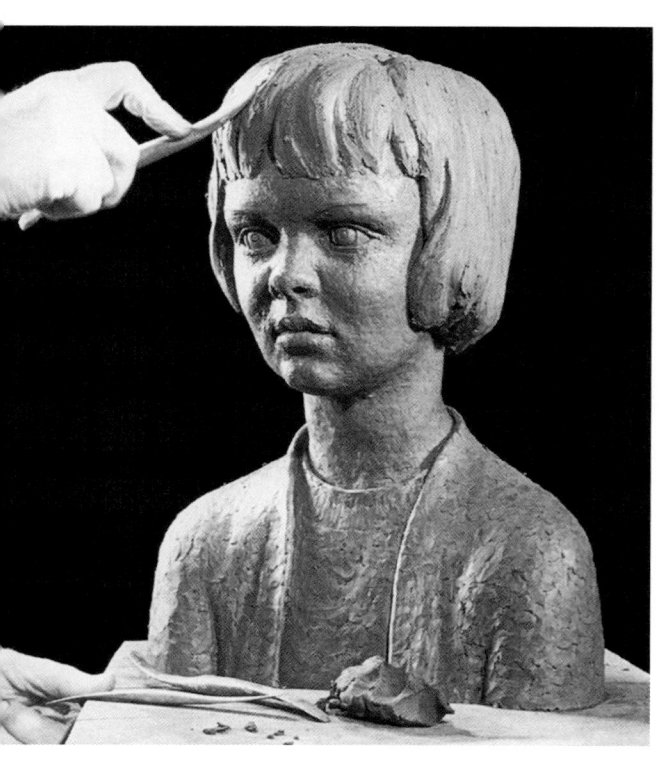

Brand

Siehe Hinweise auf Seite 98.

Montage

Der Kopf steht zwar bereits auf seinen eigenen Schultern, wirkt aber durch Montage auf einem Holzsockel noch wesentlich vorteilhafter. Dieser Sockel sollte nicht zu klein gewählt werden. Zunächst wird das Holz geschmirgelt und eventuell lasiert/eingelassen. Die Skulptur könnte einfach darauf gestellt werden. Damit sie nicht verrutscht, wurden aber drei kurze Holzstifte in vorgebohrte Löcher im Sockel gesteckt. (Köpfe, die am Hals aufhören, benötigen zum Aufmontieren einen Holzpflock oder Kupferstab im Inneren, der auf dem Sockel befestigt wird, siehe Seite 32.)

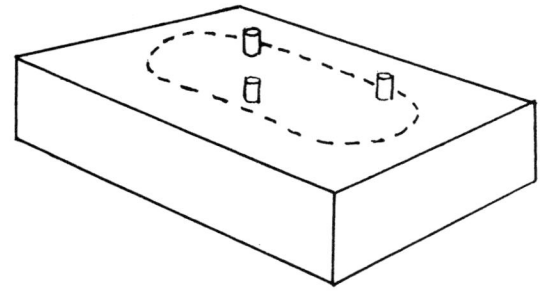

Terrakotta-Torso

Skizzen

Der menschliche Torso eignet sich exzellent zum Modellieren. Zwar ist die Form nicht gerade die simpelste, sie gibt den Lernenden aber in ihrer Kompaktheit und Überschaubarkeit die Gelegenheit, individuelles Können zu zeigen. Torsi jeder Größe sind ein gefälliges, erfüllendes Projekt.

Vorarbeiten

Zeichnen Sie Skizzen des gewählten Modells, um die Formen gut zu erfassen. Diese Vorstudien helfen Ihnen, Achse, Flächen und Winkel genau im Kopf zu behalten. Dadurch fällt es später leichter, Haltung, Balance und Charakter der dargestellten Person genau zu treffen.

Schaft

Befestigen Sie an der Grundplatte eine Stütze aus Holz oder Metall, wie auf den Fotos gezeigt. Umwickeln Sie den Schaft mit weichem Papier und Baumwollgarn. Bitte beachten Sie, dass das Papier so locker sitzt, dass der fertige Torso später ohne Schwierigkeiten abgenommen werden kann. Verwenden Sie möglichst eine Grundplatte mit Leisten zum Anheben (siehe Seite 10). Versiegeln Sie die Oberfläche der Platte vor Arbeitsbeginn zum Schutz vor der Feuchtigkeit im Ton mit Schellack. So hält sie viele Jahre länger.

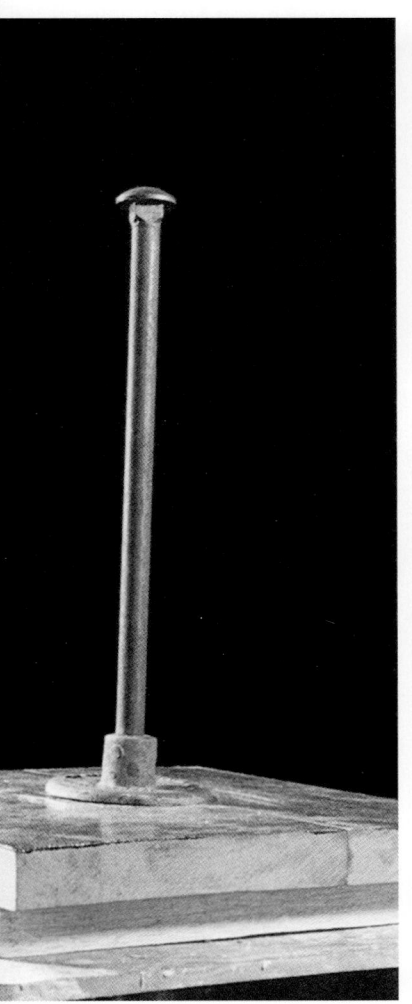
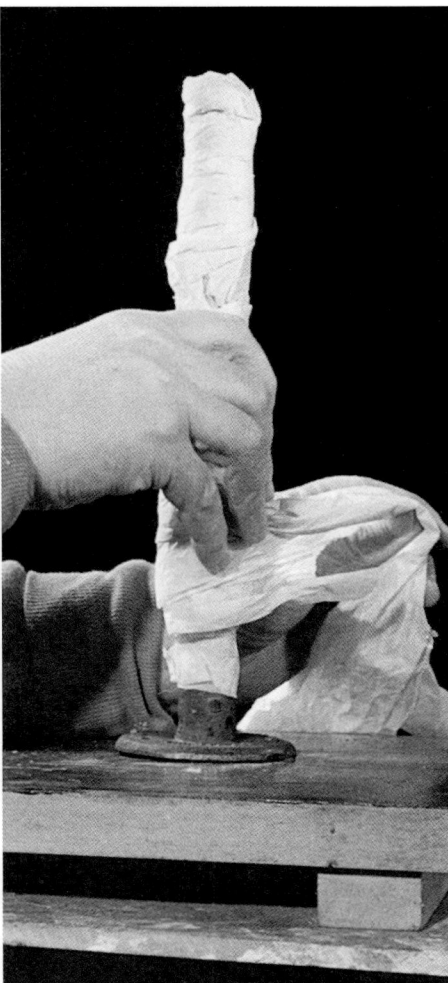
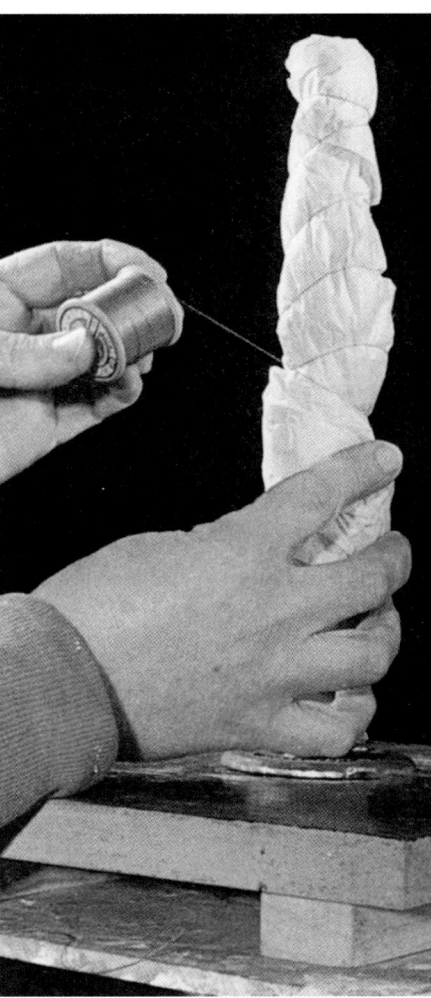

Erster Schritt – Aufbau der Grundform

Vor Arbeitsbeginn sollte der Ton in gutem Zustand sein: schön plastisch, damit er sich gut formen lässt, und doch so trocken, dass er nicht an den Fingern klebt. Bauen Sie die massive Grundform auf. Achten Sie besonders auf die Mittelachsen. Das Gewicht liegt voll auf dem rechten Bein. Das Becken neigt sich hinten schräg von rechts nach links, die Schulterlinie dagegen von links nach rechts, wodurch ein ausgewogener Gesamteindruck entsteht. Der vorgeneigte Kopf bildet eine eigene Achse.

In längeren Arbeitspausen wird die Figur besprüht und in Plastikfolie gehüllt.

Zweiter Schritt

Wenn Sie mit Haltung und Proportionen der Figur zufrieden sind, beginnen Sie mit der feineren Ausformung. Lassen Sie sich nicht dazu verleiten, Ton wegzukerben, sondern bauen Sie

mit immer kleiner werdenden Tonkügelchen die Details auf. Drehen Sie das Modell zur gleichmäßigen Bearbeitung ständig. So bleibten die räumlichen Proportionen stets ausgewogen.

Dritter Schritt

Für die abschließenden Feinarbeiten sollten auch feinere Werkzeuge verwendet werden. Dabei darf das Modell nicht zu sehr geglättet werden. Sichtbare Spuren der verwendeten Werkzeuge beleben das Ergebnis und zeigen den Umgang des Künstlers mit Details.

Der Torso wirkt jetzt fest und lebendig. Jeder Blickwinkel hat zwar seinen eigenen Reiz, Charme und Charakter des Mädchens sind aber aus jeder Richtung gleichmäßig erfasst. Für die Gesamtkomposition ist es wichtig, in welcher Höhe die Beine abgeschnitten werden. Sie geben Stabilität. Der Schrägschnitt am Vorderbein vermittelt Leichtigkeit und ein Moment der Bewegung.

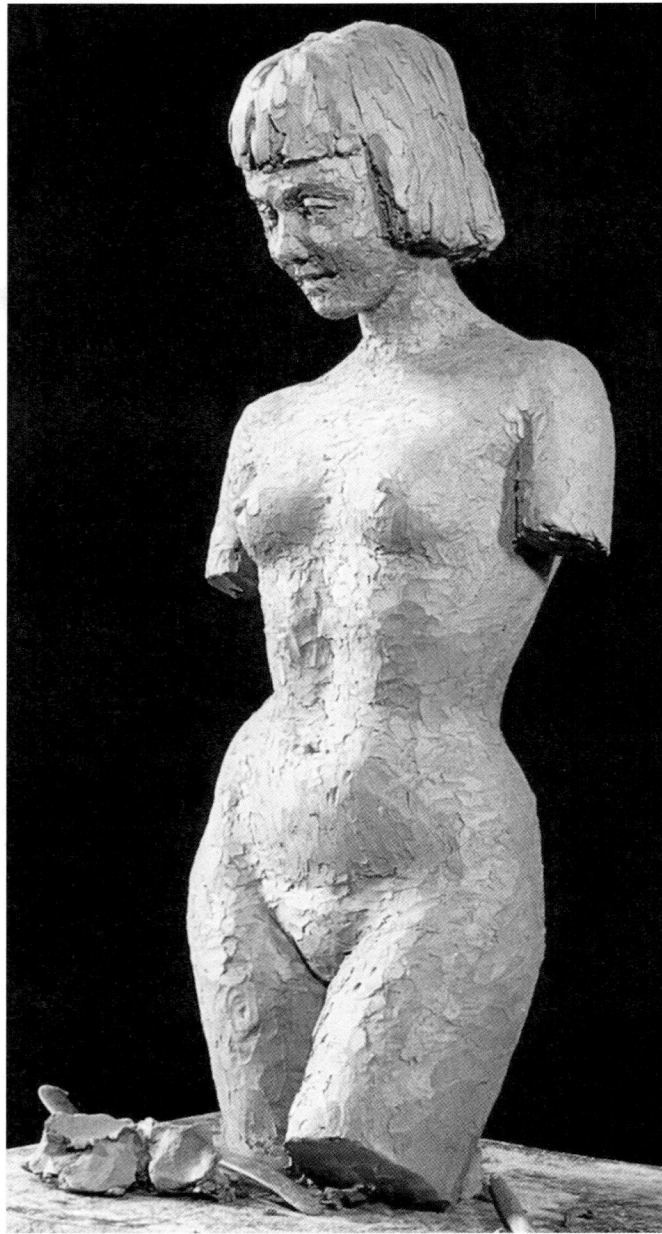

Details

Auf den Fotos sind deutlich die interessanten Oberflächenstrukturen zu erkennen. Sie sind ein persönliches Charakteristikum jedes Künstlers, an dem seine Arbeiten zu erkennen sind.

Gelungener Abschluss

Die Bilder zeigen außerdem, wie sich die Formen durch kontrollierten Aufbau aus vielen zueinander in Beziehung stehenden Elementen immer mehr geschlossen haben. Beachten Sie, wie der schräge Hüftschwung am Standbein in die Taille und einen sanften, tiefen Bogen um den Unterleib übergeht. Das andere Bein dagegen wirkt völlig entspannt. Auch hier wurde die reich strukturierte Oberfläche bewusst erhalten, statt sie völlig zu glätten. Die Formsuche bleibt für den Betrachter dadurch deutlich dokumentiert.

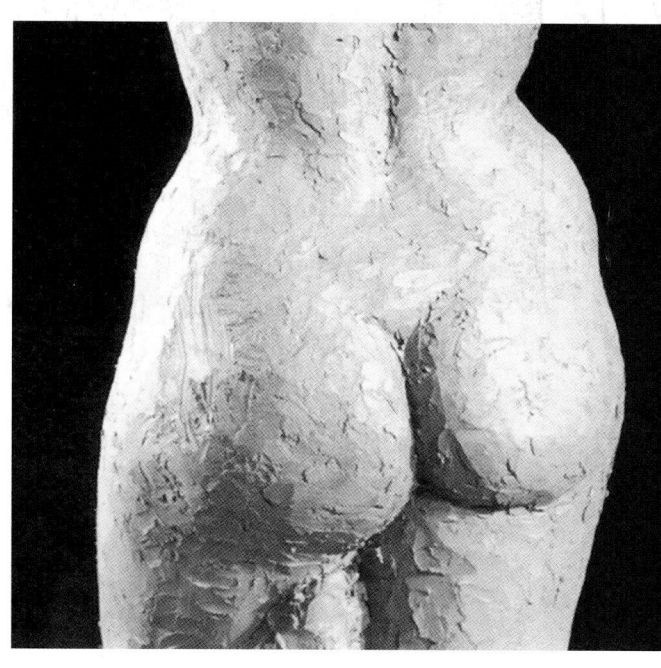

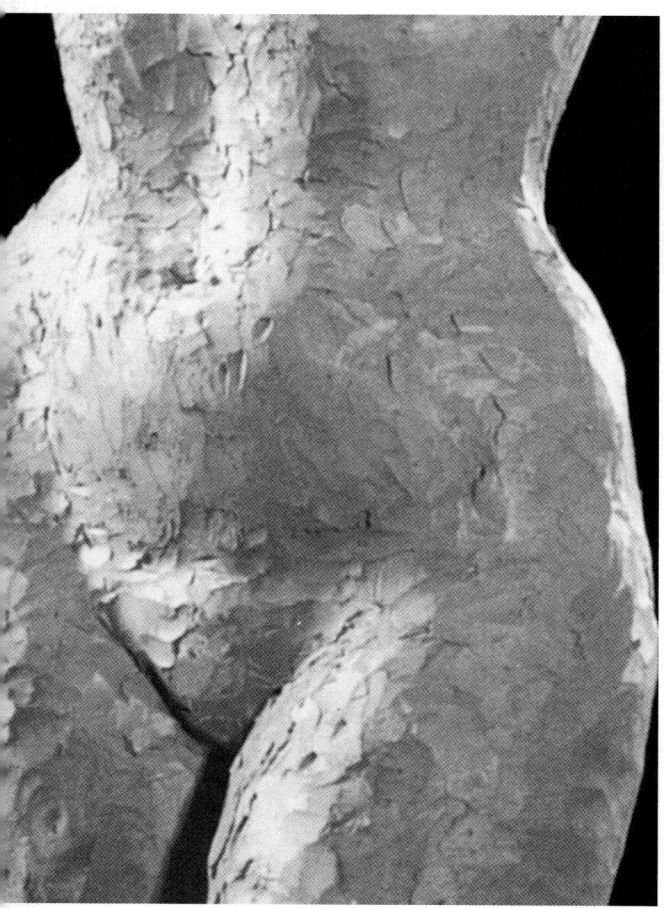

Brennvorbereitungen

Wenn Sie mit der Form des Torsos zufrieden sind und die Details gleichmäßig ausgearbeitet haben, lassen Sie den Ton langsam in einem kühlen Raum trocknen. Zuerst wird die Plastikhülle geöffnet, damit die Luft rund um die Figur frei zirkulieren kann. Dann wird sie ganz entfernt, bis der Ton lederhart, aber nicht komplett getrocknet ist, so dass er sich ohne weitere Verformung bearbeiten lässt.

Auseinanderschneiden

Vor dem Brand muss die Figur in zwei Hälften geteilt werden, damit die Wandstärke geprüft werden kann. Idealerweise sollten die Wände überall gleich dick sein. Zum Schneiden wird eine Drahtschlinge um die Hüfte der Figur gelegt, vorne überkreuzt. Durch festes Ziehen an beiden Griffen ergibt sich ein sauberer Schnitt.

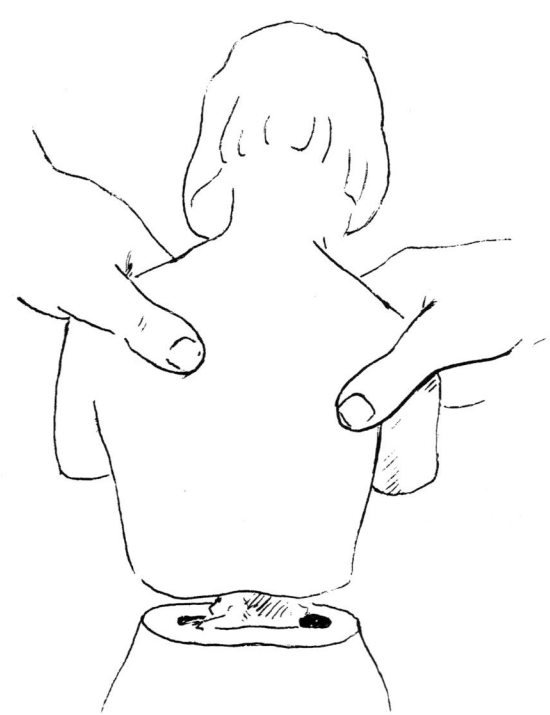

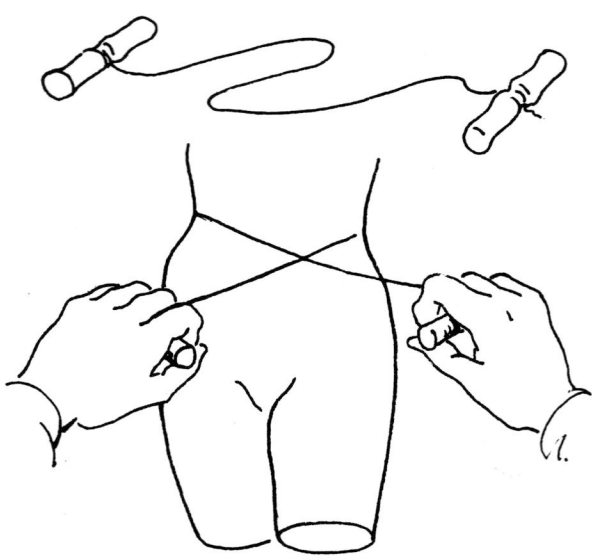

Abheben des Unterteils

Mit einem Messer und etwas Wasser lösen Sie auch die Beine von der Grundplatte und heben die untere Torsohälfte ebenfalls vom Stützschaft im Inneren.

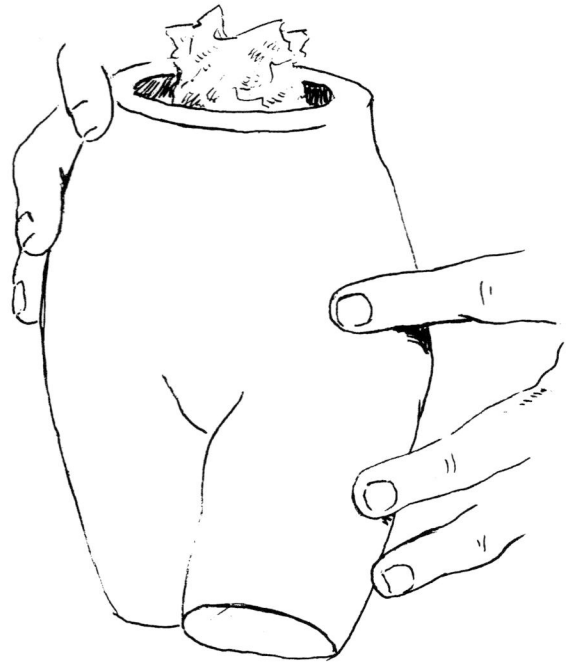

Abheben des Oberteils

Die obere Torsohälfte lässt sich jetzt vorsichtig vom Schaft heben. Schneiden Sie Papier und Faden ab, damit es sich nicht durch den Ton zieht und die Figur womöglich beschädigt. Platzieren Sie die Hälfte auf einer weichen Unterlage.

Aushöhlen

Beide Torsoteile werden jetzt vom Papier befreit. Reste brennen später im Ofen einfach weg. Mit Modellierschlingen können die Wände jetzt leicht auf ihre Dicke geprüft und wo nötig weiter verdünnt werden. Im Beispiel wurde der Hals von innen mit etwas mit Schlicker angeklebtem und vorsichtig angedrücktem Ton verstärkt. Bei solchen Maßnahmen ist darauf zu achten, dass die äußere Form nicht verändert wird.

Bitte beachten: Beim Brand dürfen keine Metallteile oder Armaturen im Ton bleiben, sonst zerplatzt die Figur.

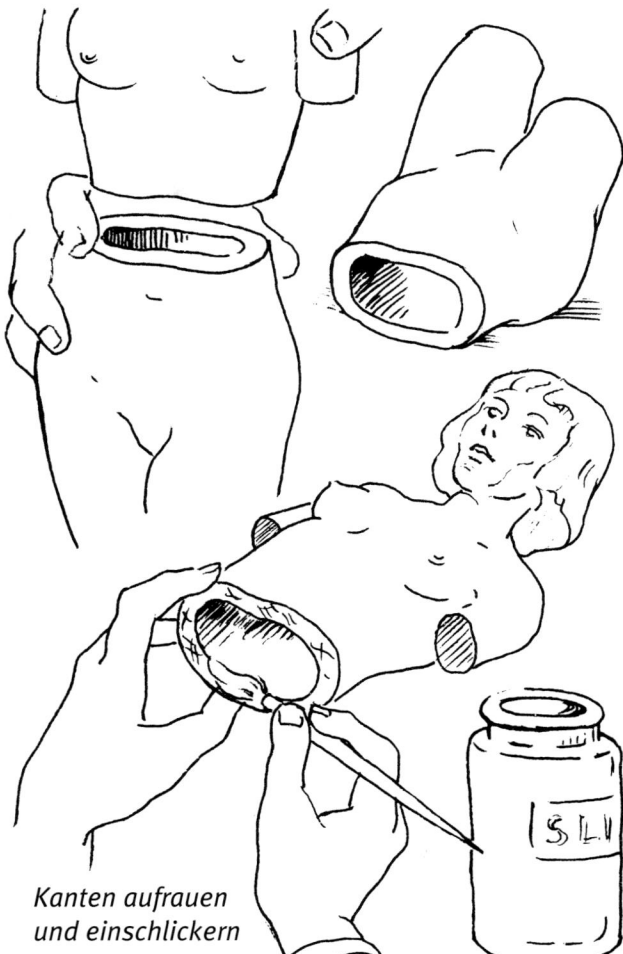

Kanten aufrauen
und einschlickern

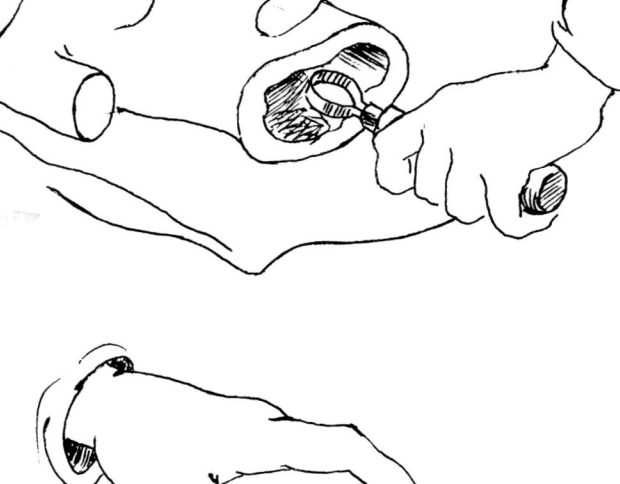

Zusammensetzen der Torsohälften

Vor dem Zusammenbau beider Hälften werden die Schnittkanten zunächst aufgeraut und mit Schlicker bestrichen. Die Teile werden fest, aber vorsichtig aufeinander gepresst, ohne die Figur zu zerdrücken. Wenn die Stelle etwas getrocknet ist, werden die Säume mit dem Modellierholz bearbeitet, bis sie nicht mehr zu sehen sind. Überprüfen Sie, ob der Torso im richtigen Winkel auf dem Standbein ruht. Anschließend sollte der lederharte Ton langsam trocknen, bis er knochentrocken und damit bereit zum Brennen ist.

Brand

Manche Töpfereien übernehmen gegen Kosten-erstattung gerne den Brand von Skulpturen. Falls Sie selber brennen möchten, gibt es zahl-reiche Ofenmodelle. Elektroöfen sind wohl am einfachsten zu bedienen. Weitere Informatio-nen dazu finden Sie auf Seite 69.

Wenn Sie beim Modellieren den Ton fest zusam-mengefügt und keine Luft eingeschlossen haben und die Wände etwa gleichmäßig stark sind, dürfte es beim Brand keine Schwierigkei-ten geben. Es ist sehr wichtig, dass die Figur langsam und wirklich vollständig trocknet, bevor sie in den Ofen kommt.

Heizen Sie den Ofen langsam auf 200 °C auf. So entweicht die Restfeuchtigkeit aus der Masse. Wenn eine Temperatur von 500 °C erreicht ist, durchläuft sie eine chemische Reaktion, die Aussehen und Eigenschaften stark verändert. Die Endtemperatur beim Brand sollte bei 1000 °C liegen. Durch weiteres Erhitzen wird die Tonfarbe noch dunkler. Schließlich wird der Ofen ausgeschaltet und kühlt ab.

Montage des Torsos

Die gebrannte, fertige Figur ist erst wirklich optimal präsentiert, wenn sie auf einem in der Größe gut passenden Sockel montiert wird. Für das Mädchen wurde ein viereckiger Block mit sehr massivem Aussehen gewählt. Nachdem das Holz geschmirgelt und poliert ist, wird die Figur darauf gestellt und die Position rund um das Standbein markiert.

Befestigung der Haltestange

Kupferrohr von etwa 7 mm Dicke wird so lang zugeschnitten, dass es durchs ganze Figurinne-re reicht und am Boden noch etwas heraus-schaut. Das obere, mit etwas lockerem Gewebe und Klebstoff umwickelte Ende des Rohrs wird innen bis oben in die Figur gedrückt. Bis zum Antrocknen des Klebers wird es mit etwas Ton-masse am unteren Beinende in Position gehal-ten und anschließend unten am Bein ebenfalls mit Gewebeband und Klebstoff fixiert.

Bohren des Sockels

Das herausragende Rohrende steht vielleicht nicht im gewünschten Winkel für die Montage. Dies lässt sich ausgleichen, indem das Loch im Sockel entsprechend nachgebohrt wird. Bestimmen Sie den Winkel, indem Sie den Tor-so an die Seitenwand des Sockels halten und die Position der Stange mit Kreide markieren. So haben sie einen Anhaltspunkt. Kleben Sie das Kupferrohr in die Bohrung und lassen Sie alles gut trocknen. Kleben Sie auch etwas Filz oder Boi unter den Holzblock, bevor Sie das Kunstwerk aufstellen.

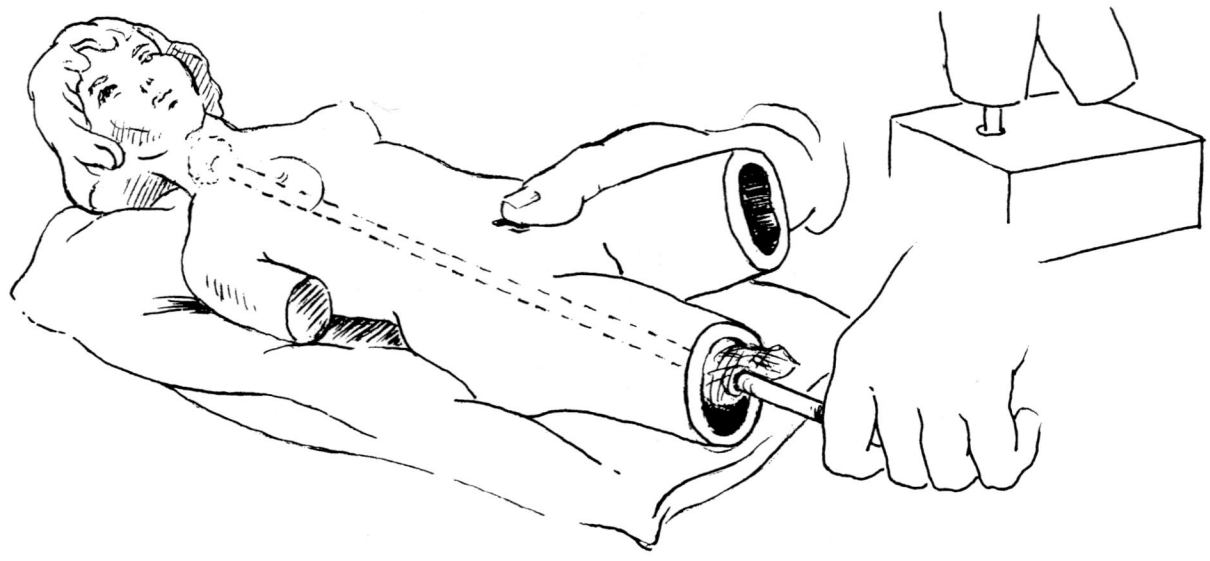

Figurengruppe Mutter und Kind

Mutter und Kind

Endlose Variationen sowohl in der Malerei wie auch in der Bildhauerei spiegeln die unerschöpfliche Faszination, die für Künstler von diesem Motiv ausgeht. Die Darstellung menschlicher Beziehungen sind ebenso wie der reizvolle Kontrast zwischen den größeren Körperformen der Mutter und dem winzigen Baby eine unwiderstehliche Herausforderung für viele Künstler. Im Beispiel, das ganz aus der Fantasie entstand, dienen diverse Skizzen und eine aus massivem Ton angefertigte und gebrannte Maquette (kleines dreidimensionales Modell) als Vorbild. Bei größeren Projekten wie dem gezeigten werden mögliche Schwierigkeiten durch solche Hilfsmittel am besten vorab geregelt, bevor die eigentliche Arbeit beginnt.

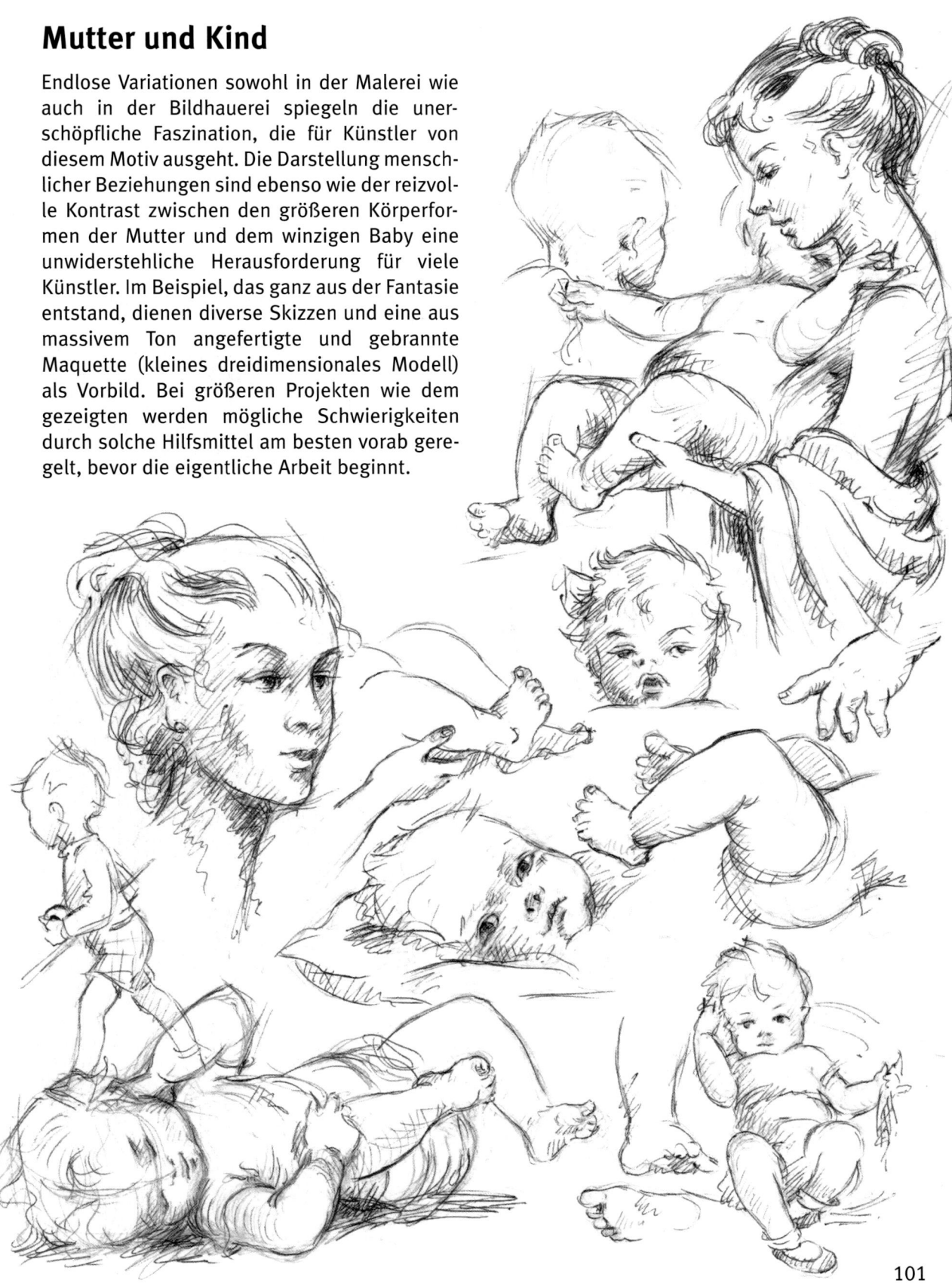

Kleines Tonmodell

Es ist nicht unbedingt nötig, vor dem Modellieren größerer Stücke eine Maquette anzufertigen. Doch wenn Sie eine Figurengruppe planen und sicher sein wollen, dass sich Ihre Vorstellungen ansprechend umsetzen lassen, helfen ein oder zwei verkleinerte Modelle. Sie werden massiv aus Ton gemacht und gebrannt oder nur getrocknet.

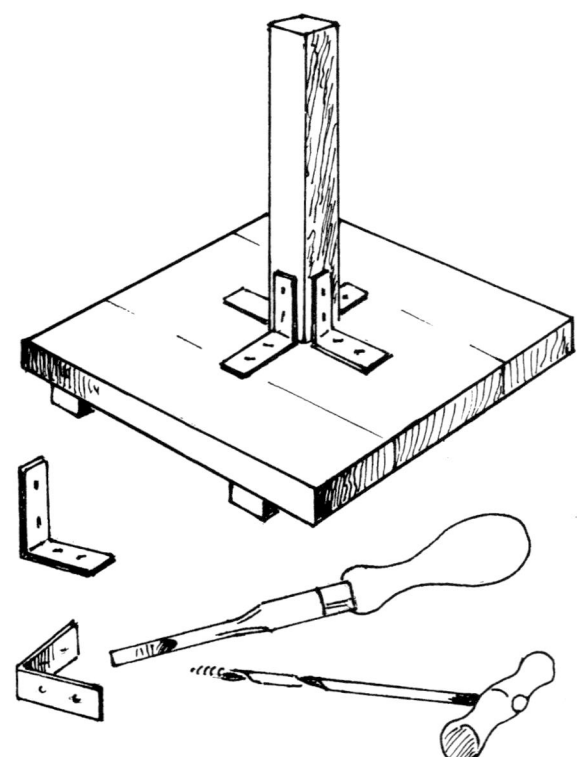

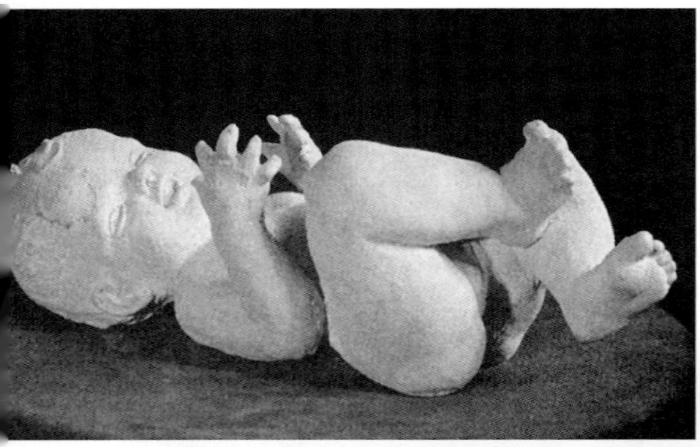

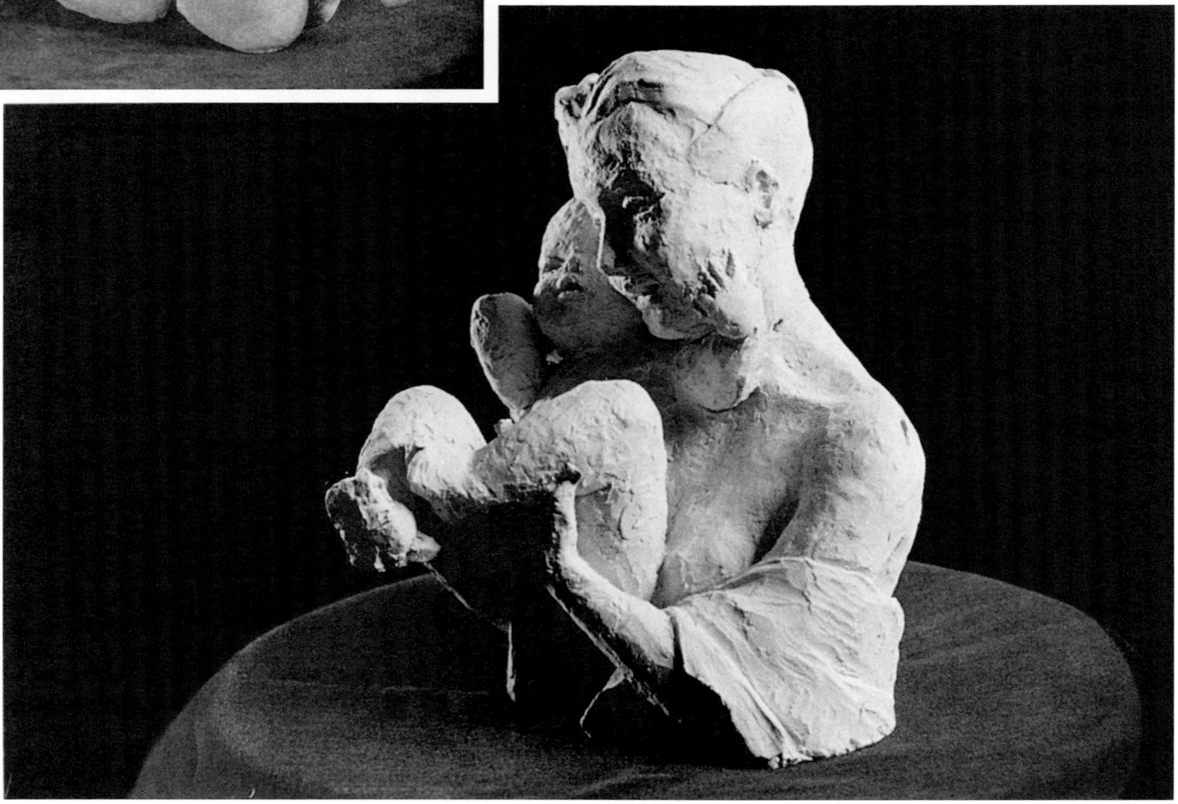

Erster Schritt

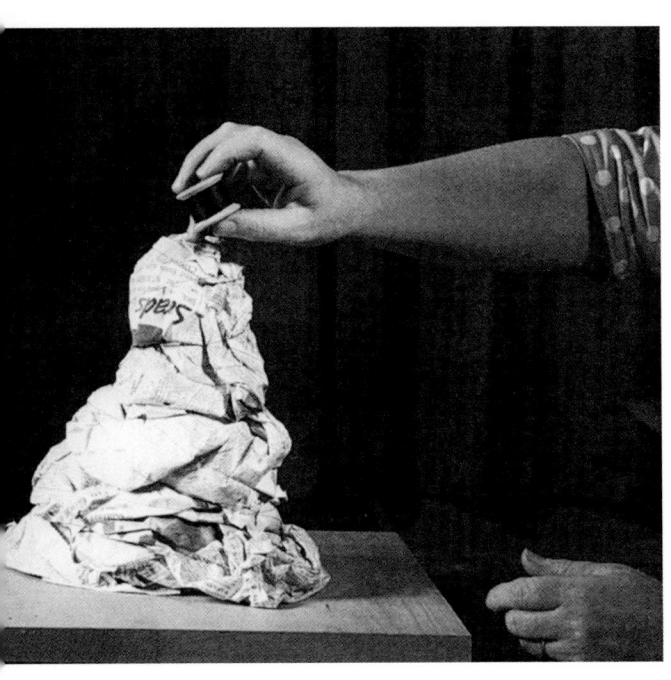

Die fertige Gruppe ist etwa 38 cm hoch und steht auf einer 35 cm langen Platte mit 30 cm hohem Stützschaft. Die groben Umrisse werden aus Zeitungspapier um den Schaft gehüllt und mit Baumwollfaden fixiert. Mit plastischem Ton beginnen Sie von unten eine schalenartige Form aufzubauen. Drücken Sie die Stücke gut fest, damit keine Luft eingeschlossen wird. Hat der Ton die richtige Konsistenz, so ist es vergleichsweise einfach, diese zu formen. Zusammen mit dem Papier ergibt sie eine feste Basis für die späteren Schritte.

Bitte beachten: Besprühen Sie den Ton zwischen den Arbeitssitzungen immer mit Wasser und hüllen Sie ihn in Plastikfolie.

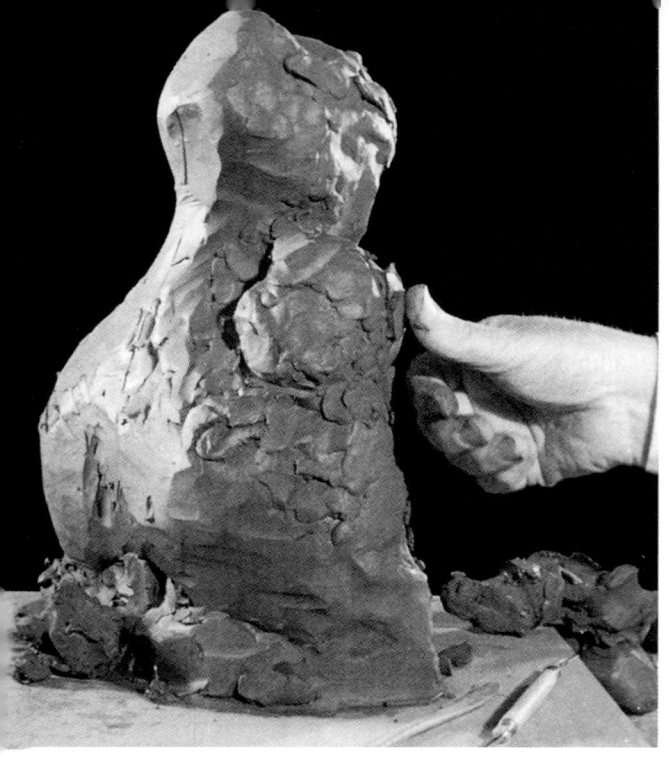

Zweite Phase

Formen Sie die groben Umrisse mit Ton. Drücken Sie die Masse sachte, aber fest an. In dieser Arbeitsphase sind Modellierschlingen oft hilfreich, um die Flächen betont zu modellieren. Schaffen Sie zuerst die größere Figur der Mutter samt Brustkorb und Brüsten, bevor Sie mit dem Kind beginnen. In dieser Reihenfolge ist es leichter, den kleinen Babykörper einzupassen, ohne ihn zu tief in den Formen der Mutter versinken zu lassen.

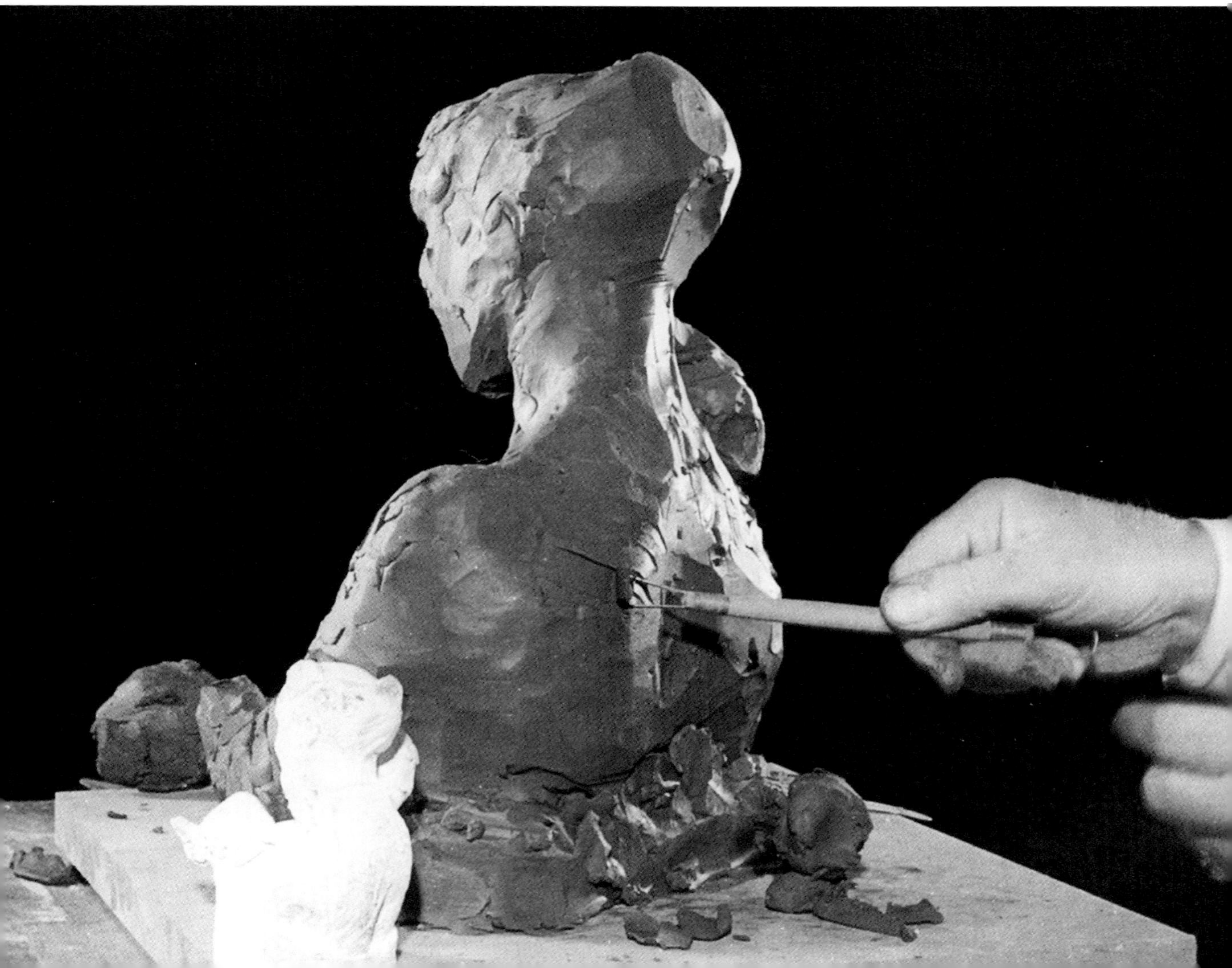

Verfestigen der Form

Tragen Sie den Ton mit einem großen Modellierholz auf. Wenn Sie mit den Proportionen der Mutter insgesamt zufrieden sind, fügen Sie das Kind in ziemlich aufrechter Haltung ein. Achten Sie besonders darauf, dass seine Größe im Vergleich zur Mutter stimmt. Dabei drehen Sie die Arbeit ständig hin und her und bringen sie rundum auf gleiches Niveau. Beim wirklich sorgfältigen Ausgestalten solcher Motive sollten alle Figuren in ihren Grundformen stimmen, bevor kompliziertere Details angegangen werden.

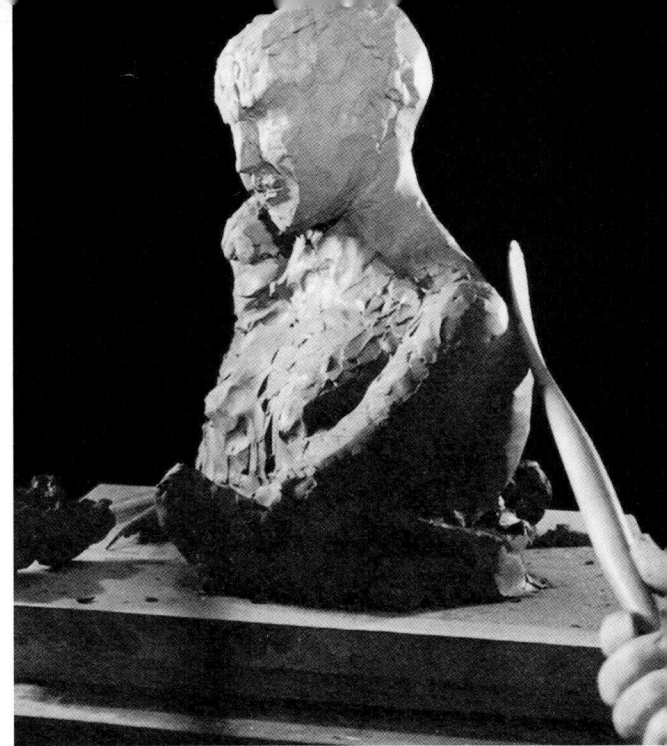

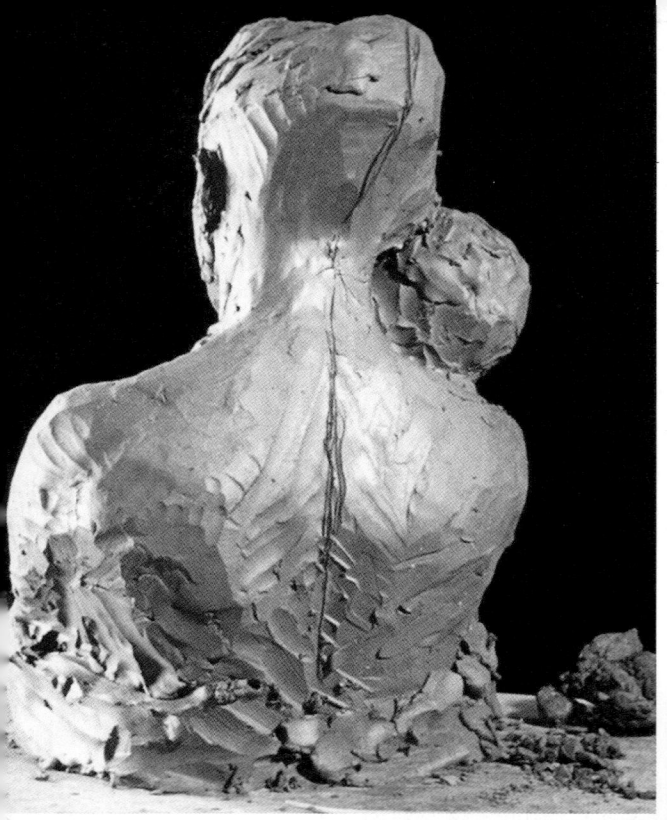

Dritte Phase

Sobald Proportionen und Körperhaltung insgesamt stimmen, wenden Sie sich den letzten Details zu. Bei unserem Beispiel ist schon in diesem Stadium deutlich zu merken, wie viel Gefühl in die Ausgestaltung der Gruppe gelegt wurde. Der sanft geneigte Kopf der Mutter und die zarte Berührung der Kinderhand an ihrer Backe stehen ganz im Gegensatz zur ansonsten lebhaften Strampelbewegung des Babys. Auf reizende Art spiegelt das Werk die intime Gefühlswelt zwischen beiden.

Vierte Phase

Die Gruppe ist hier kurz vor ihrer Fertigstellung zu sehen. Nach und nach werden immer kleinere Details eingearbeitet. Noch immer wird dabei das Werk ständig gedreht und aus allen Pespektiven auf gleiches Niveau gebracht. Je konzentrierter Sie in dieser Phase arbeiten, desto lebendiger und echter wirkt das Ergebnis.

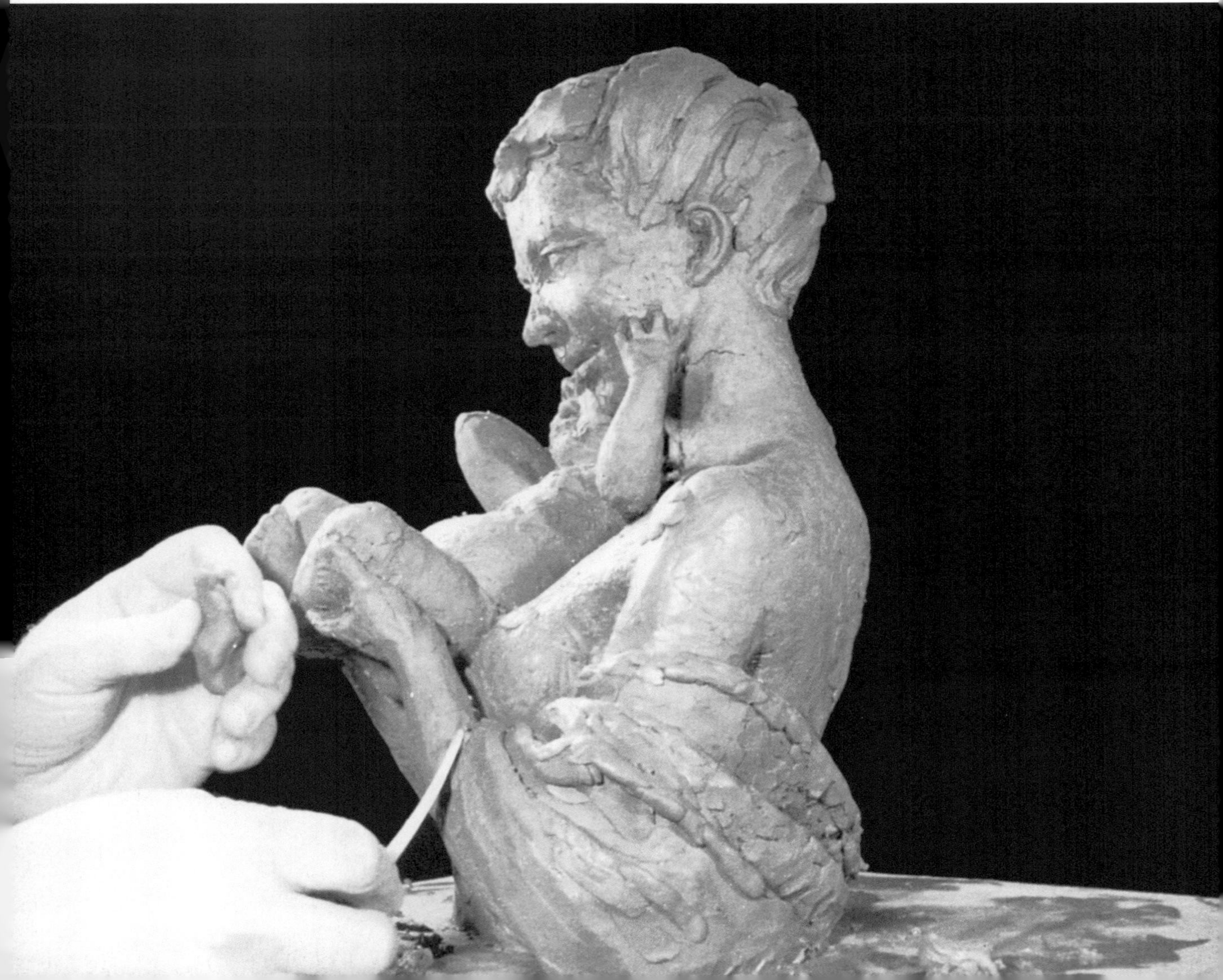

Fünfte Phase

Zwar erscheint die Rückenpartie der Gruppe viel schlichter, doch sollten Sie bei der Ausgestaltung von Form und Details nicht weniger sorgfältig als bei der Vorderansicht vorgehen. Die Stofffalten der Stola geben der Figur optisch guten Halt und beleben gleichzeitig die Gesamtkomposition.

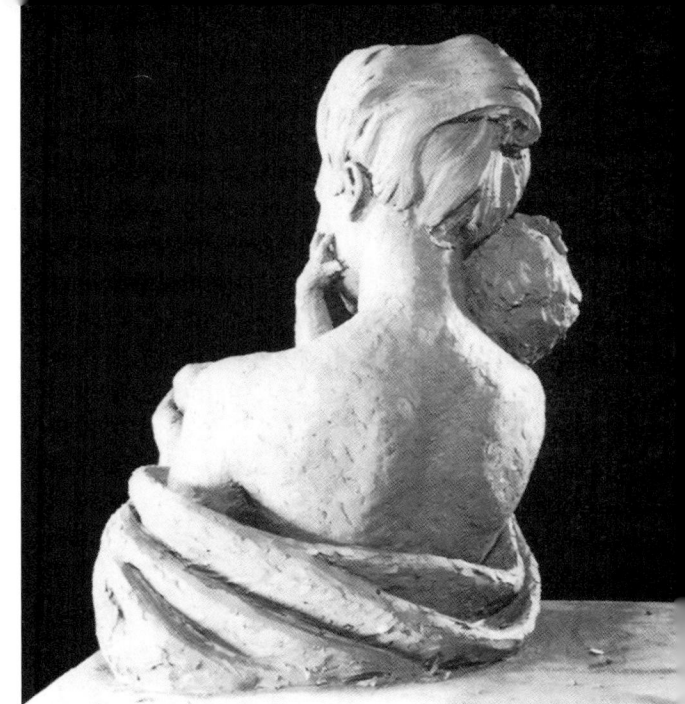

Hier ist deutlich der Gegensatz zwischen der zarten, ungelenken Handberührung des Babys an der Backe der Mutter und deren starken haltenden Händen am Fuß des Kindes zu erkennen. Obwohl die Oberflächen in dieser Phase noch weiter geglättet werden könnten, wurde der Schlusspunkt bereits hier gesetzt. Alle Partien wirken einheitlich weit bearbeitet, die künstlerische Spontaneität bleibt voll spürbar.

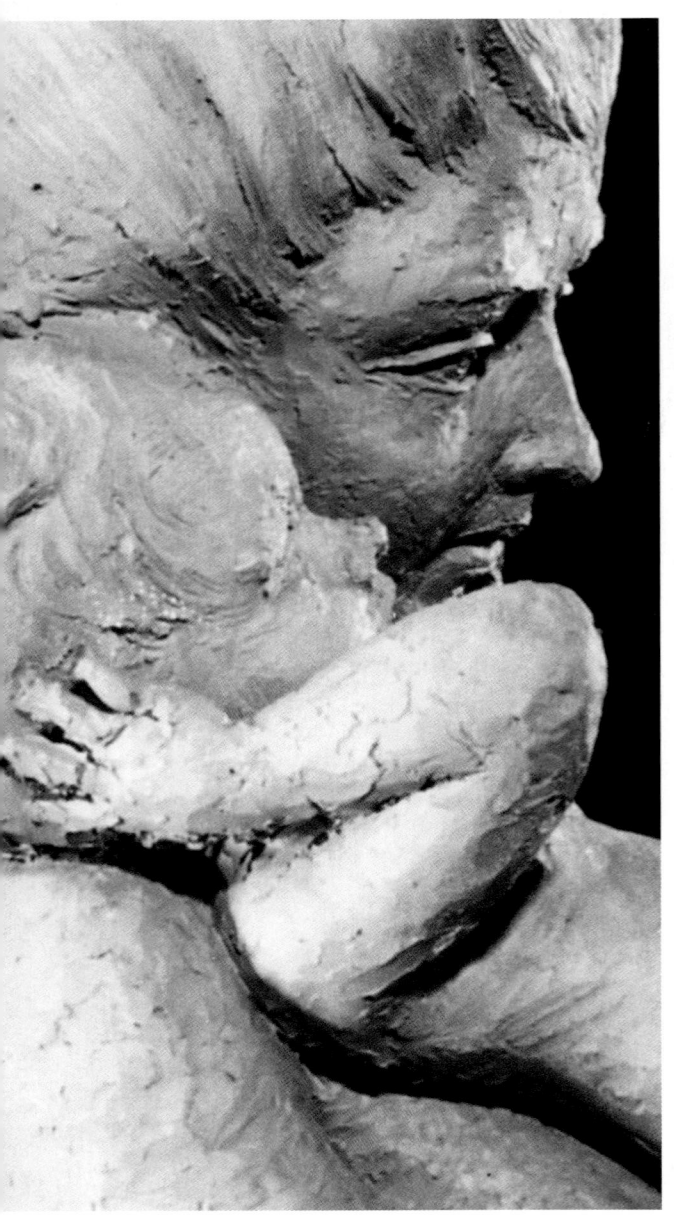

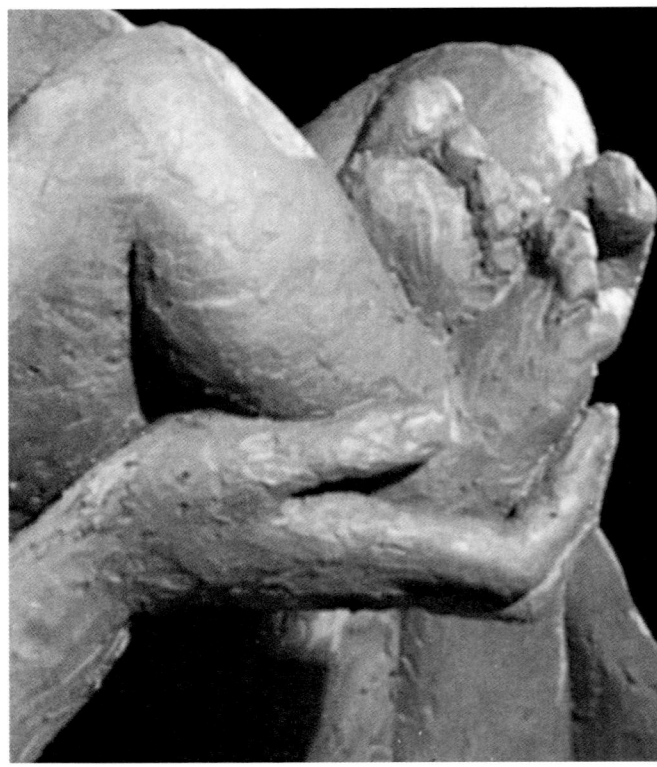

Vorbereitung zum Brand

Die Gruppe sollte nun lederhart vortrocknen, und zwar sehr langsam. Lassen Sie zunächst die Plastikhülle offen, damit Luft um die Tonwände zirkulieren kann. Dann nehmen Sie sie ganz ab und stellen das Werk in einen kühlen Raum, wo es in Ruhe trocknen kann, bis der Ton fest genug für die weitere Bearbeitung ist und sich nicht mehr verformt.

Abschneiden der Kappe

Komplexere Kompositionen haben oft ungleichmäßige Wandstärken, die korrigiert werden sollten. Im Beispiel wird der große Kopfdeckel abgeschnitten. Durch das Loch lässt sich der Kopf der Mutter bis zum Hals und auch der Kopf des Babys weiter aushöhlen. Mit der Drahtschlinge ergibt sich ein sauberer Schnitt. Die in den Haarlocken liegende Schnittlinie kann später beim Aufsetzen der Kappe leicht wieder ausgebessert und nachmodelliert werden.

Abheben der Kappe

Nach dem Schneiden wird die Kappe vorsichtig abgehoben. Wo nötig, wird das Papier weggeschnitten. Legen Sie die Kappe vorsichtig auf ein mit Plastikfolie bedecktes Kissen. Mit Modellierschlingen höhlen Sie die Kappe zu gleichmäßiger Dicke aus. Schneiden Sie das Papier rund um den Schaft in der Mitte weg - so weit wie möglich nach unten bis in den Hals. Papierreste brennen im Ofen einfach weg.

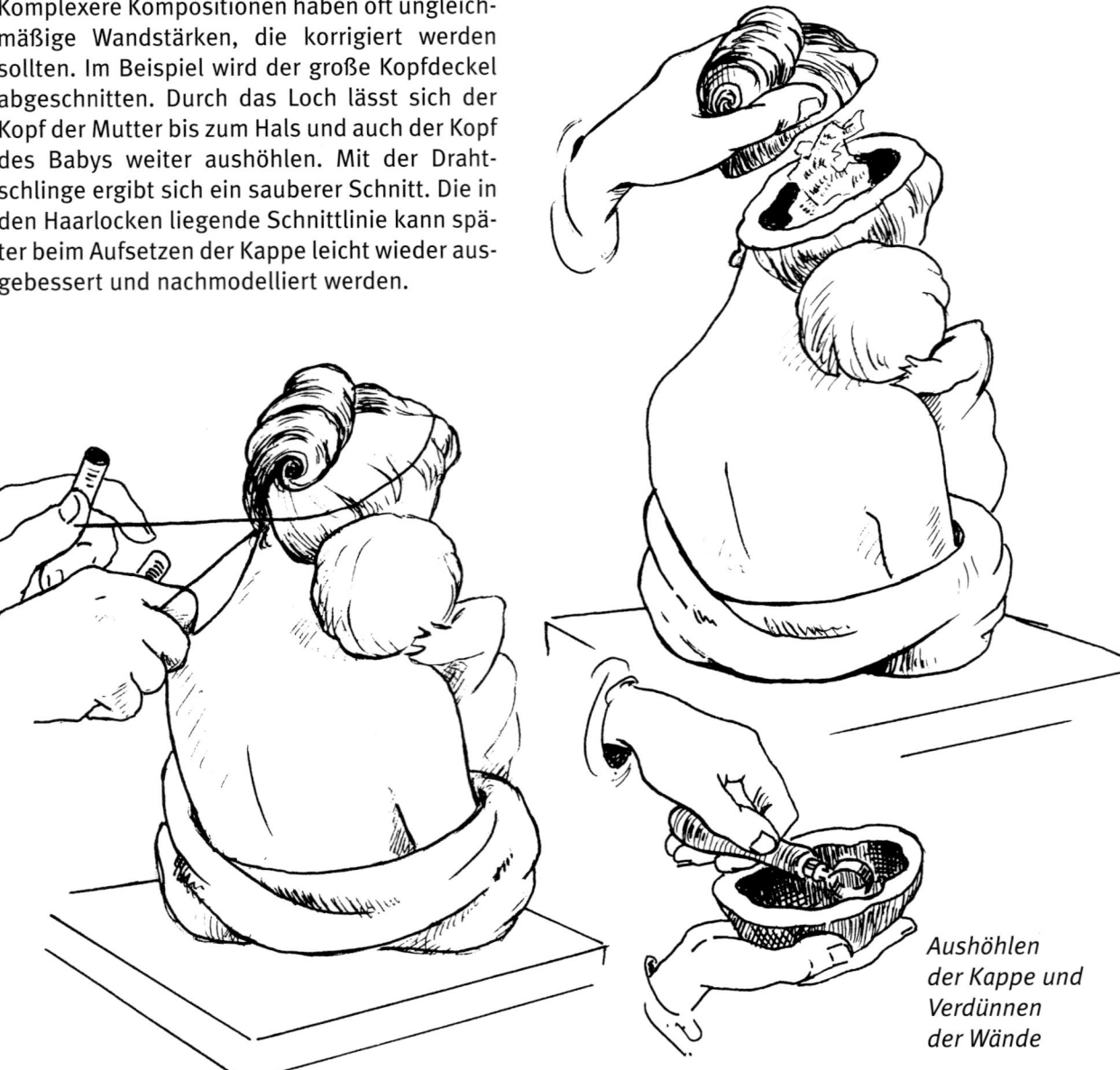

Aushöhlen der Kappe und Verdünnen der Wände

Abheben von der Grundplatte und Aushöhlen

Mit etwas Wasser auf der Platte führen Sie das Messer unter der Standfläche der Figur durch und heben sie hoch. Legen Sie sie seitlich auf ein mit Plastik abgedecktes Kissen. Höhlen Sie sie an der Basis beginnend gleichmäßig aus. Stellen Sie das Ganze wieder aufrecht auf eine Platte. Checken Sie den Kopf und das Gesicht des Kindes. Wenn nötig, drücken Sie weiteren Ton in den Hals der Mutter, um ihm mehr Halt zu geben. Beine und Ärmchen des Babys können massiv bleiben, wenn sie nicht zu dick sind. Sie sollten den Brand gut überstehen.

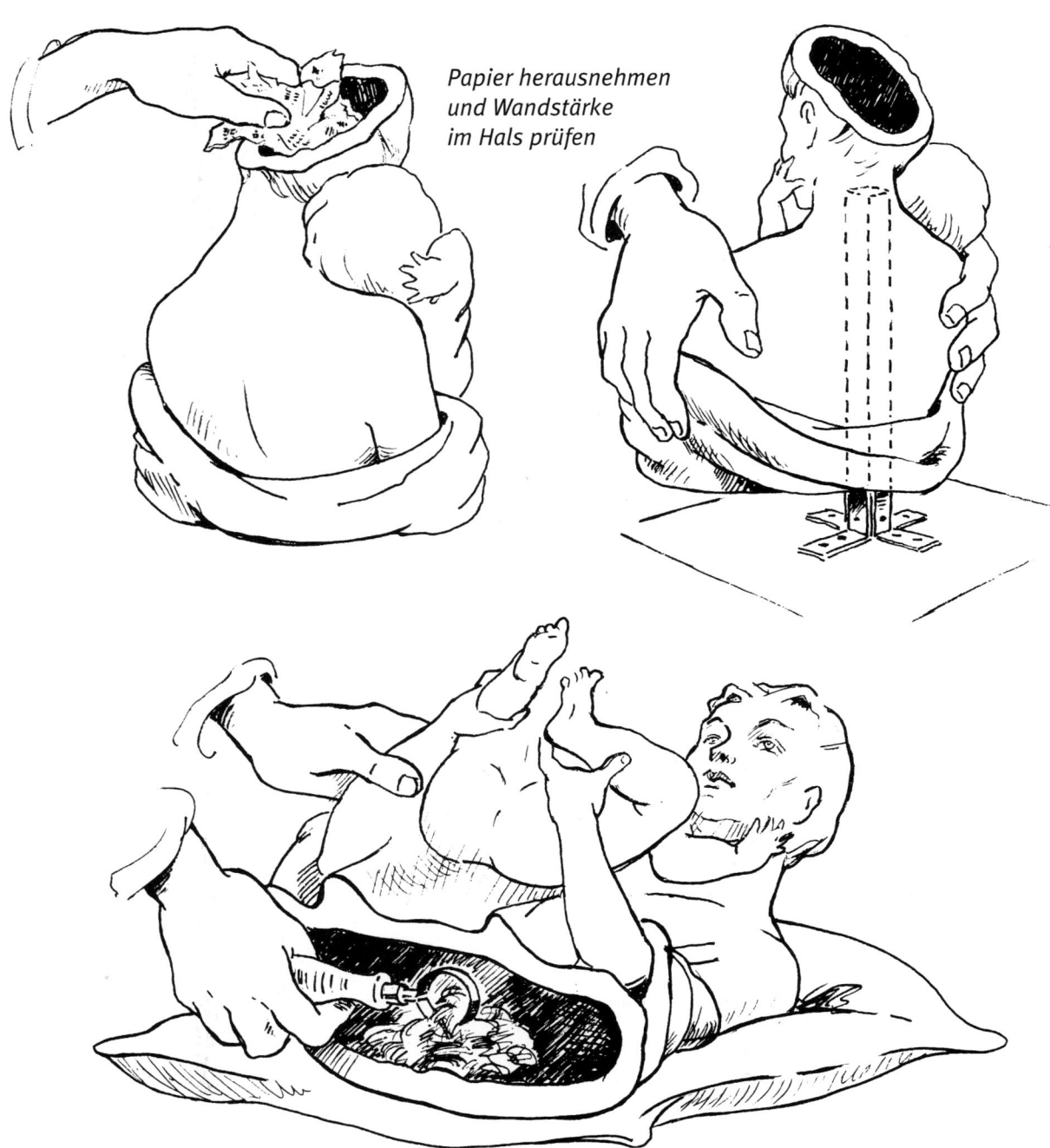

Papier herausnehmen und Wandstärke im Hals prüfen

Aufsetzen der Kappe und Fertigstellung

Rauen Sie die Schnittflächen an beiden Teilen mit einem Metallwerkzeug auf und pinseln Sie Schlicker auf. Legen Sie die Kappe richtig auf den Kopf und drücken Sie sie sanft, aber kräftig fest. Wenn der Ton etwas getrocknet ist, arbeiten Sie mit dem Modellierholz den Saum etwas nach, so dass er im Haar nicht mehr zu erkennen ist. Die Wände sollten an einigen Stellen mit einer Nadel durchstochen werden, damit beim Brennen die Luft besser zirkuliert. Anschließend wird die Gruppe langsam getrocknet, bis sie knochentrocken und damit bereit zum Brennen ist. Brand siehe Seite 98.

Brand und Montage

Nach dem Brennen sollte die Figurengruppe einen passenden Sockel erhalten. Auf Seite 98 ist die Montage genau beschrieben.

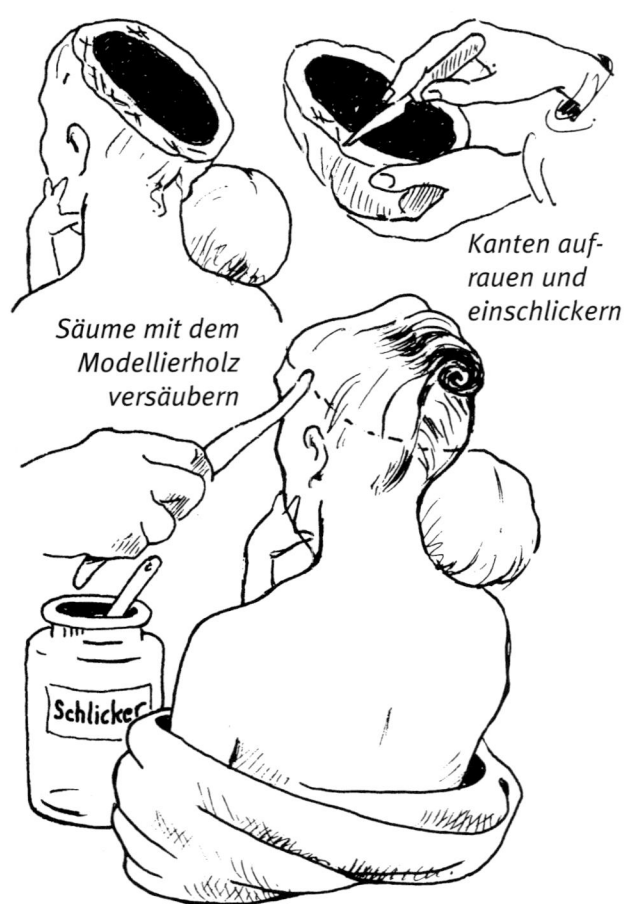

Kanten aufrauen und einschlickern

Säume mit dem Modellierholz versäubern

Schlicker

Gießen
mit anderen Materialien

Es gibt weitere Werkstoffe, die sich ebenfalls gut zur Formenherstellung und zum Abgießen eignen – beispielsweise Tonerdeschmelzzement, Fiberglas, Silikonkautschuk und Vinyl. Wenn Sie mit den Prinzipien beim Anfertigen von Gipsformen vertraut sind, kommen Sie auch mit den anderen zurecht. Geeignete Werkstoffe liefert der Spezialhandel für Künstlerbedarf. Die entsprechenden Händler und Herstellerfirmen geben auch genaue Anleitungen und Tipps zur deren Verwendung. Unten finden Sie nur ein paar allgemeine Hinweise.

Gießmassen für Abgüsse

Tonerdeschmelzzement
Das betonartige Material wird von Bildhauern bevorzugt. Man kann es in Gips- und Vinylformen gießen. In Weiß und dunkleren Farbtönen erhältlich, lässt sich genau die gewünschte Nuance individuell mischen. Der Abguss kann eine stein- oder bronzeartige Oberfläche haben.

Wer sich mit Gipsformen auskennt, wird mit dem Abguss keine Probleme haben. Das Material härtet langsamer aus als Gips und die Formen müssen gewässert und während des ganzen Vorganges feucht gehalten werden. Da in Form und Abguss chemische Reaktionen ablaufen, ist kein Trennmittel nötig. Der Abguss zeigt interessante Ausblühungen, die aber durch Waschen und Einwachsen beseitigt werden können, falls sie nicht erwünscht sind.

Mischen Sie immer im gleichen Mengenverhältnis. Hier ein Standardrezept:

Tonerdeschmelzzement	2 Volumenteile
trockener Sand	6 Volumenteile
Wasser	1 Volumenteil

Vermischen Sie den Zement gut mit dem trockenen Sand. Kleinere Mengen werden in Blechdosen oder Plastikschüsseln vermengt. Rühren Sie Wasser ein, bis ein einheitlicher Farbton erreicht ist. Bestreichen Sie die Form innen dünn mit dieser Masse. Skulpturen für Innenräume, beispielsweise Porträts, erhalten eine erste Schicht aus feinem Zement mit wenig Wasser in einer dicklichen, cremeartigen Konsistenz. Für im Freien aufgestellte Kunstwerke mischen Sie zwei Teile Sand mit einem Teil Zement mit so wenig Wasser, dass der Brei sich eben mit dem Pinsel verstreichen lässt. Rühren Sie nie Wasser in unbrauchbar gewordene Mischungen.

Die Form wird sehr sorgfältig gefüllt. Sie muss gründlich gewässert werden. Überschüssiges Wasser wird mit dem Schwamm abgenommen. Da sie lange nass bleibt, sollte sie mit Rahmen oder Metallklammer verstärkt werden, damit sie sich nicht wirft. Pinseln Sie die erste Zementschicht etwa 2 mm dick ein. Mit der Standardmischung bringen Sie eine zweite Schicht von gut 3 mm Dicke darüber auf. Über Vertiefungen arbeiten Sie etwas dicker, damit sich glatte Flächen ergeben. Sie können die Schicht mit den Fingern andrücken und anschließend mit einem Holzgerät (beispielsweise einem hölzernen Werkzeuggriff) pressen, damit alles Wasser an die Oberfläche kommt. (Zusätzlich eingelegtes Fiberglas kann die Figur sehr verstärken. Es wird mit einer anderen Ausgangsmischung verwendet.) Sorgen Sie dafür, dass die Säume glatt und eben sind, damit sich die Form später fest schließen lässt. Wenn der Beton nach vollständigem Eingießen fest ist, besprühen Sie ihn mit Wasser und halten ihn 24 Stunden mit feuchten Tüchern und einer Plastikhülle feucht.

Fiberglas

Fiberglas ist die landläufige Bezeichnung für mit Glasfasern verstärktes Polyesterharz. Es ist sehr leicht und stabil und lässt sich in versiegelte Gipsformen genauso wie in Vinyl oder Silikonkautschuk gießen. Letztere brauchen allerdings eine Verstärkung aus Gips oder Fiberglas. Beim Gießen von Harz in Vinyl- oder Silikonkautschukformen ist kein Trennmittel nötig.

Mischen Sie das Harz mit einem Beschleuniger, falls er nicht direkt in der Harzmischung enthalten ist, und fügen Sie anschließend einen Härter hinzu. Diese erste Schicht kann verschiedene Beimischungen haben, die dem Abguss Farbe geben. Gips etwa ergibt eine opake weiße Oberfläche. Tolle Resultate bringen auch Marmor- und Steinmehl oder Kupfer-, Messing- und Bronzepulver (siehe auch Seite 118). Wenn die erste Schicht mit dem Füllstoff in der Form aufgebracht wird, sinkt dieser in die Oberfläche der Form ein. Diese Lage muss sich setzen, bevor Sie eine dünne Schicht Harz ohne Füllstoff darüber auftragen. Pressen Sie mit in Harz getauchtem Pinsel in passende Stücke zurecht geschnittene Fasermatten darauf. Störende Glasfasern werden mit einem in Pinselreiniger getauchten Pinsel ebenfalls angedrückt.

Sollte das Modell Vertiefungen oder stärkere Hinterschneidungen haben, füllen Sie diese zuerst mit einem Teil der zweiten Mischung und feineren zerhackten Faserpartikeln. So vermeiden Sie durch längere Fasern überbrückte Lufteinschlüsse.

Lassen Sie sich beim Arbeiten mit Harz und Glasfasern Zeit. Halten Sie alle benötigten Materialien bereit. Wiegen Sie die Zutaten vorher ab. Falls Sie mehrmals kleinere Mengen brauchen, wiegen Sie sie gleich in passende Gefäße. Ideal sind saubere Blechdosen. Erst dann mischen Sie den Katalysator/Härter zu. Das Harz muss zwanzig Minuten ruhen. Mischen Sie nie mehr, als Sie auf einmal verarbeiten können. Die Füllstoffe werden als letztes eingerührt.

Raumtemperatur und Luftfeuchtigkeit haben starken Einfluss auf die Verarbeitungszeiten von Harzen. Ideal ist etwa 20 °C. Am besten testen Sie vorab eine kleine Menge. Ist der Stoff zu kalt, braucht er Stunden zum Härten und es bleibt nichts als Warten. Trocknet er dagegen zu schnell, haben Sie vielleicht die halbe Menge noch nicht verarbeitet und damit verschwendet. Notieren Sie jedesmal die Mischungsverhältnisse mit Angaben zu Wetterlage, genauer Temperatur, verwendeten Mengen, Trockenzeit etc. So können Sie gute Ergebnisse leichter wiederholen und missglückte vermeiden.

Flexible Formen

Für flexible Negativformen bei plastischen Arbeiten gibt es zwei ausgezeichnete Formenbaumassen: ein heiß schmelzendes Mehrkomponentenprodukt auf Vinylbasis (Vinamold), und Silikonkautschuk als kalte gummiartige Masse. Letzteres ist zwar teurer, wird aber allgemein bevorzugt.

Beim Kauf dieser Stoffe lassen Sie sich am besten genaue Informationen zu Verwendung, Verarbeitungstemperaturen, Komponenten etc. geben. Die meisten Hersteller liefern gedruckte Anweisungen mit.

Vinamold

Die Masse wird in dicken, flachen Strängen vertrieben und ist in mehreren Farben mit unterschiedlichen Schmelztemperaturen erhältlich. Die Stränge werden mit dem scharfen Messer in Streifen und dann mit der Schere in kleinere Stücke zerschnitten. Diese werden geschmolzen, bis die flüssige Masse gegossen werden kann. Richten Sie sich dabei nach den Herstellerangaben. Zum Messen der Temperatur eignet sich ein gutes Thermometer. Mittelweiche Qualitäten sollten bei 150-170 °C geschmolzen werden, zum Gießen aber auf 140-150 °C abgekühlt werden. Bitte niemals über die empfohlene Höchsttemperatur erhitzen, damit das Vinyl nicht unbrauchbar wird! Die gebrauchten Formen lassen sich übrigens zerschneiden und immer wieder neu einschmelzen.

Zum Schmelzen von Vinyl gibt es sehr praktische elektrische Spezialgefäße, die doppelten Pfannen mit Gusseisenboden ähneln. Für kleinere Mengen reicht aber auch eine Pfanne mit sehr dickem Boden (ähnlich wie bei Schnellkochtöpfen) auf einer Gas- oder Elektroplatte mit einer zwischengelegten Matte aus Feuerfestmaterial. Füllen Sie kleine Vinylstücke ein, bis der Pfannenboden etwa 7 mm dick mit geschmolzener Masse gefüllt ist. Fügen Sie langsam weitere Stücke zu, bis die benötigte Menge verflüssigt ist – bitte nicht zu viel auf einmal, damit die Temperatur nicht sinkt. Rühren Sie dabei ständig um. Am besten tragen Sie einen Atemschutz, um sich vor den unangenehmen Dämpfen zu schützen. Vor dem Gießen prüfen Sie die Temperatur der Masse mit dem Thermometer. Da der Guss in einem Schwung erfolgen sollte, muss das abzugießende Modell schon bereit liegen.

Prüfen

Wenn Sie das Verfahren erstmals ausprobieren, machen Sie zunächst einen Test. Legen Sie dazu ein kleines flaches Tonmodell auf die Unterlage. Umrahmen Sie es mit einem Abstand von etwa 6 mm mit einem Streifen Knetmasse oder Ton. Der Rahmen muss gut haften und höher als das Modell sein, das Sie abgießen möchten. Gießen Sie die heiße flüssige Masse auf die Platte (nicht über die Tonoberfläche) und lassen Sie sie langsam ansteigen, bis alles verdeckt ist - und zwar in einem Guss. Wenn die Schicht hart ist, nehmen Sie die Umrahmung weg und machen eine Hülle aus Gips. Wenn auch diese abgebunden hat, drehen Sie die Form um und entfernen den Ton. Sie ist nun fertig und kann für mehrere Abgüsse benutzt werden.

Silikongummi

Silikon ist ein flüssiges, kalt verwendetes Material für Gießformen. Es muss mit einem Vernetzer/Härter vermischt werden, und zwar entweder per Hand oder besser – da es mindestens zehn Minuten gerührt werden muss – mit dem Elektromixer oder Mixstab. (Achten Sie bitte darauf, den Härter nicht auf die Haut zu bringen. Falls dies doch passiert, wischen Sie ihn mit Alkohol ab und waschen gründlich mit Wasser und Seife nach.) Bei der Kastenmethode wird die Mischung gegossen. Dazu stellen Sie einen hohen Rahmen aus Holz oder Ton um das Teil, das Sie abformen möchten, und gießen das Silikon ein. Da das Material teuer ist, wird es aber eher als dünnere Hülle nur mit dem Pinsel auf das Modell gestrichen. Die Stellfläche umranden Sie mit einem Streifen Knetmasse, der die ablaufenden Überschüsse festhält. Beim Festwerden kann das Silikon vorsichtig mit Pinsel oder Palettmesser verschoben werden, damit es überall eine gleichmäßig dicke Schicht bildet. Falls nötig, wird eine zweite Schicht aufgebracht, wenn die erste zwar fest, aber noch leicht klebrig ist. Mit Ton- oder Metallstreifen kann die Form unterteilt werden (siehe Seite 26), das Silikon wird in einem einzigen Arbeitsgang rundum darauf verteilt. Die flexible Gießform bekommt eine stabilisierende Hülle aus Gips. Zum Gießen wird sie wie beim Vinamold beschrieben verwendet.

RTV Silikonkautschuk

RTV bedeutet Vulkanisieren bei Raumtemperatur. Silikon ist im Gegensatz zu echtem Gummi ein synthetisches Produkt. Gießformen aus diesem Material haben eine sehr geringe Schrumpfung und im Gegensatz zu Latex eine praktisch nicht klebende Oberfläche.

Silikonkautschuk ist in vielen unterschiedlichen Qualitäten erhältlich. Beim plastischen Gestalten werden meist weiße Flüssigkeiten eingesetzt, denen 4-10 % Härter/Vernetzer zugegeben werden muss. Silikon ist äußerst flexibel und reißfest, wenn es genau nach Herstellerangaben verarbeitet wird. Sehr flüssige Produkte aus der Palette eignen sich zum exakten Abgießen feinster Details. Verwenden Sie möglichst ein Produkt, das durch Zusätze thixotropischer wird (nicht durch Puder oder Aerosol). Bei bis etwa 5 % dieses Zusatzes in der Grundmasse ergibt sich eine butterartige Konsistenz zum Bestreichen vertikaler Flächen.

Tipps:

- Pinsel lassen sich mit Terpentin reinigen.
- Mit leichtem Seifenwasser werden die Oberflächen geglättet, solange sie noch nicht völlig ausgehärtet sind.
- Zum Reparieren gerissener Silikonformen kann man Installations-Dichtmaterial auf Silikonbasis verwenden.
- Flächen werden mit Aceton gereinigt.

Rezepte

Bronzeimitat

Grundrezept für die Bronzeschicht

30 g Kunstharz (normalerweise bereits mit Beschleuniger versehen)

1 Extratropfen oder mehr Beschleuniger

2 ccm Katalysator/Härter

50 g Bronzepuder

Mischen Sie zuerst Harz und Beschleuniger. Dann kommt der Katalysator dazu. Gut umrühren und erst ganz am Schluss das Bronzepuder beifügen.
Mischen Sie das Ganze erst direkt vor dem Verbrauch. Geben Sie den Füllstoff erst zum Schluss dazu. Probieren Sie so lange, bis Sie eine Aushärtezeit von etwa zwanzig Minuten erhalten.

Stein- oder Marmorfinish/Steinguss

Verwenden Sie das obige Rezept. Nur statt Bronze fügen Sie Marmor- oder Steinmehl hinzu. Wenn die gegossene Figur aus der Form genommen wird, polieren Sie die Oberfläche sofort mit feiner Stahlwolle. Damit entfernen Sie den dünnen Harzfilm, der die Stein- oder Bronzeschicht abdeckt. Später lässt sich dieser Film viel schwieriger oder gar nicht mehr abreiben und verdirbt vielleicht den Gesamteindruck. (Bei Bronze ist die Oberfläche sehr hart und wird nicht geschädigt.)

Bronzeskulpturen müssen anschließend gewachst und poliert werden, bis sie glänzen. Ein Hauch von Goldpaste/Rahmengold, mit dem Daumen leicht auf einzelne Partien aufgetupft, erhöht den Reiz. Falls Sie dabei einmal des Guten zu viel getan haben, lassen sich Überschüsse leicht mit etwas Polierwachs abwischen.

Werkzeug und Materialien

Waage

Harz

Beschleuniger

Katalysator/Härter und Spritze

zerteilte Fasermatte

fein gehackte Glasfasern

Pinselreiniger (billiger als Aceton)

Pinsel zum Einstopfen der Masse

viele Blechdosen zum Anmischen und Pinselreinigen

Abfallgefäß

Zeitungspapier

Kupfer-, Messing- und Bronzepulver

Stahlwolle

Trennmittel

Trenncreme für die Hände, damit sie nicht mit Harz verkleben

Weitere Arbeiten der Autorin

Mini Light Maggie *(rechts)*
Die Bronzefigur entstand für eine Motor Show als Werbung für Mini-Light-Räder. Sie wurde von der Künstlerin in ihrem Studio in Surrey aus Bronze und weiteren Materialien angefertigt.

Adler (unten)
Das Adlerpaar, von dem hier nur ein Exemplar zu sehen ist, wurde für private Auftraggeber angefertigt. Die Figuren entstanden ebenfalls in Dorothy Arthurs Werkstatt in Surrey. Als Gießform verwendete sie Silikon mit Glasfaserverstärkung, als Gießmaterial Glasfaser mit Steinmehl.

Embryo eines Wasserwesens *(links)*
Das Fantasiewesen entstand in Rom für
den Film „*The Rift*" von Dino de Laurentiis.

Drachenkopf *(unten)*
Die Figur wurde in den Bavaria Filmstudios in München für den Film „*Die unendliche Geschichte*" konzipiert. Der gesamte Drachenkörper ist
etwa 12 m lang.

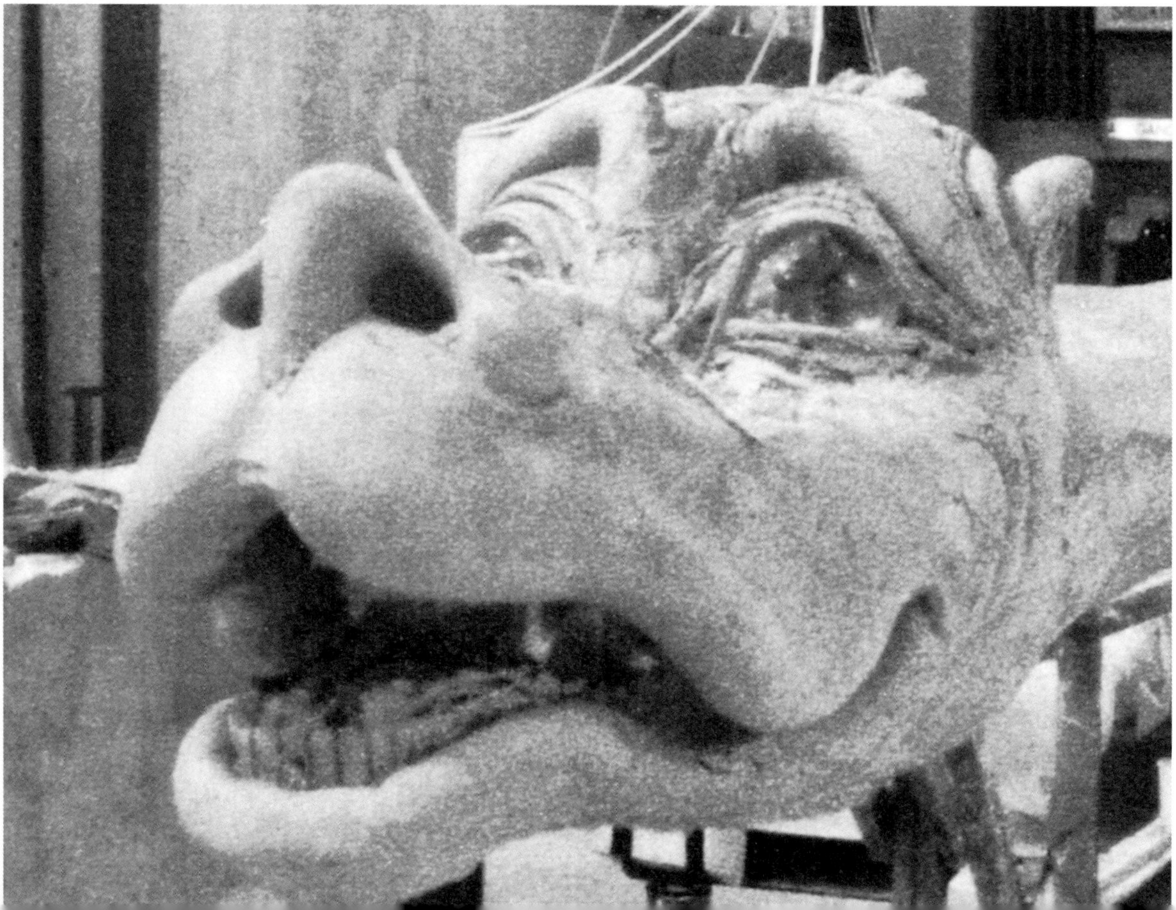

Wandbild
Für das Foyer des Rees-Bürogebäudes entstand
dieses etwa 2,7 m lange Relief. Die Künstlerin schuf
es in ihrer Werkstatt in Surrey aus Bronzeimitat.

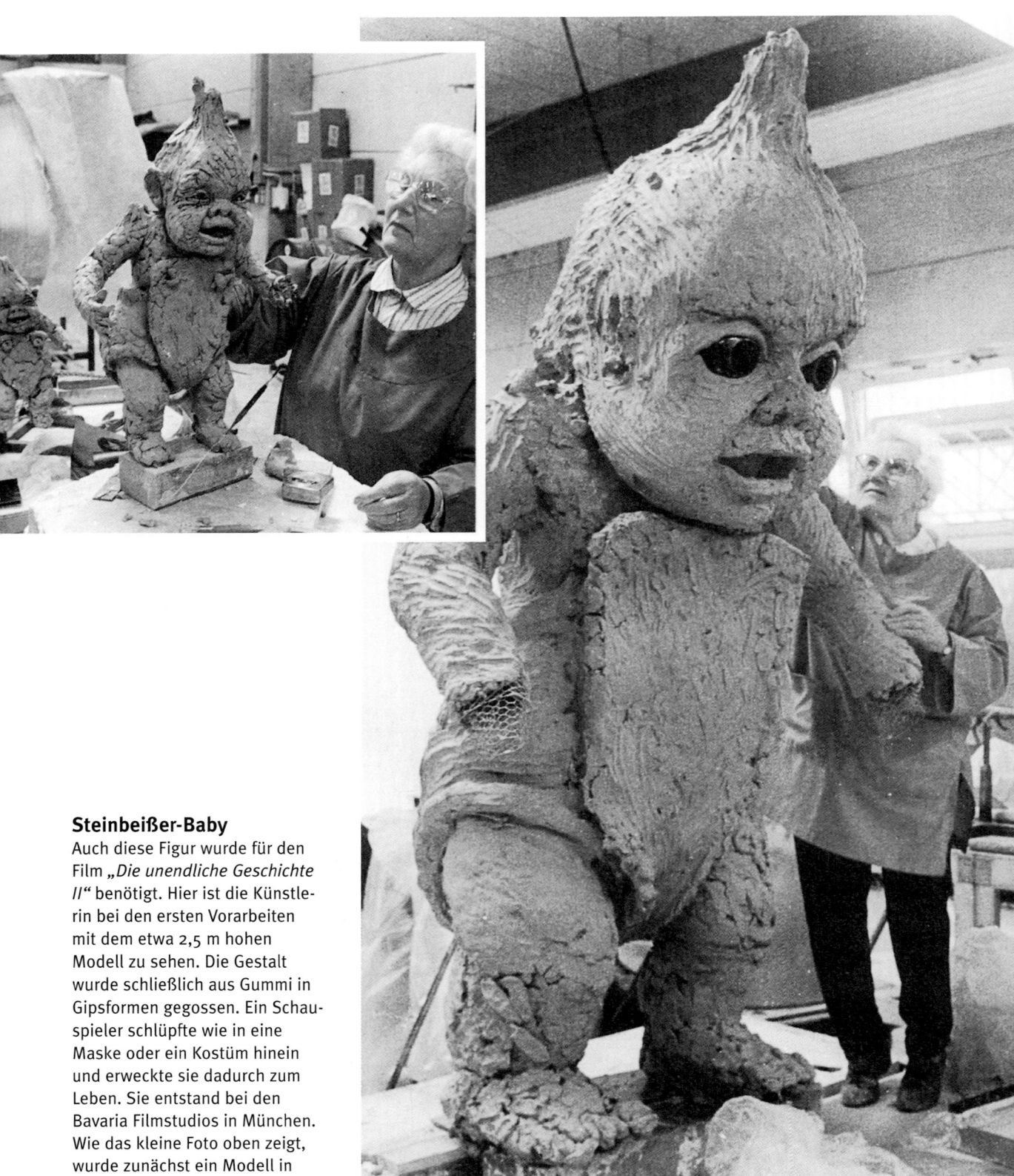

Steinbeißer-Baby

Auch diese Figur wurde für den Film *„Die unendliche Geschichte II"* benötigt. Hier ist die Künstlerin bei den ersten Vorarbeiten mit dem etwa 2,5 m hohen Modell zu sehen. Die Gestalt wurde schließlich aus Gummi in Gipsformen gegossen. Ein Schauspieler schlüpfte wie in eine Maske oder ein Kostüm hinein und erweckte sie dadurch zum Leben. Sie entstand bei den Bavaria Filmstudios in München. Wie das kleine Foto oben zeigt, wurde zunächst ein Modell in verkleinertem Maßstab angelegt.

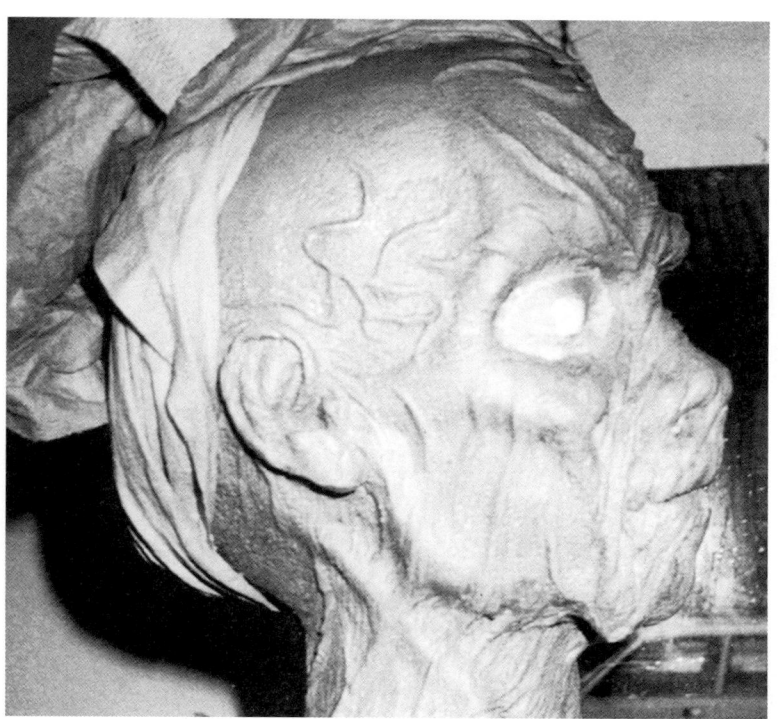

Menschlicher Kopf in Zersetzung *(links)*
Er entstand für den Film *„Life Force"*, der in den Elstree Studios in England produziert wurde.
Die Gummimaske ist nach einem Tonmodell gefertigt.

Drachenkopf *(unten)*
Das Fabelwesen wurde von den Bavaria Filmstudios in München für die *„Unendliche Geschichte II"* in Auftrag gegeben und nach einem Entwurf von Patrick Woodroffe in Ton modelliert. Der flexible Gummiabguss macht die feuerspeiende Figur beweglich.

Installation für Fernsehwerbung
(oben)
In einer Werbesendung der Firma
Schweppes ist der zweite „Präsident"
in der Köpfegruppe durch einem
Schauspieler ersetzt, der beim „Schh"
mit den Augen zwinkert. Die Skulptur
entstand in Spanien aus Steinimitat in
Glasfasertechnik.

Exotische Masken *(rechts)*
Die Gipsmasken wurden für die Expo
1992 in Barcelona in Spanien aus Gips
gefertigt.

Register

978-3-936489-37-8

978-3-936489-41-5

978-3-936489-34-7

978-3-936489-49-1